Johannes Friedrich Ernst Albrecht

Waller und Natalie - e. Geschichte in Briefen

Johannes Friedrich Ernst Albrecht

Waller und Natalie - e. Geschichte in Briefen

ISBN/EAN: 9783743692565

Hergestellt in Europa, USA, Kanada, Australien, Japan

Cover: Foto ©ninafisch / pixelio.de

Weitere Bücher finden Sie auf **www.hansebooks.com**

Seiner

Hochwohlgebrn.

dem

Herrn Landrath

Berend Gustav

Baron

von **Stackelberg**

gewidmet

von

dem Verfasser.

Hochwohlgebohrner Herr

Die besondere Zuneigung, mit welcher Dieselben vom Anfange Dero mir ewig schätzbaren Bekanntschaft mich zu beehren, die Gewogenheit hatten, und das vorzügliche Zutrauen, welches ich bey Denenselben gehabt zu haben, mir schmeicheln kann, haben in mir den Wunsch erregt, Denenselben eine öffentliche Probe meiner erkenntlichen Gesinnung abzulegen. Die Kenntnisse, die Ew. Hochwohlgeb. in dem Fache der Wissenschaften mir gezeigt, haben den Trieb vermehret, Ihnen dieses Werk

Werk zu widmen. Ich wünsche, daß Ew. Hochwohlgeb. es mit der Nachsicht lesen mögen, die diese Art von Schriften deswegen verdienet, weil der Faden der Geschichte oft zur einzigen Richtschnur dienen muß.

Ich setze nur noch hinzu, daß Dero fernere Gewogenheit das schätzbarste Geschenk mir allzeit seyn wird, und daß ich nie aufhören werde mit der aufrichtigsten Hochachtung für Dero Vorzüge zu seyn

Hochwohlgebohrner Herr

Dero

gehorsamster Diener
A.

An den Leser.

Vorrede soll's nicht seyn — aber so etwas von der Art, denn wenigstens muß ich doch sagen, daß meine Leser solcher Bändgen noch zwey zu erwarten haben, entweder um mir zu danken, daß ich dem einen ein paar Stunden die Langeweile vertrieben, dem andern ein hübsches Geschichtgen vorerzählt, einigen auch wohl ihr Mitgefühl rege gemacht, manchen eine Thräne entlockt, und (am schmeichelhaftesten wär's immer) Wahrheit und Menschlichkeit dargestellt und vielleicht auch so gewirkt habe — oder um — denken sich die Herren das Gegentheil selbst.

Wem's ein Ernst ist, mit den Menschen bekannt zu werden; Wer die Gelegenheiten sucht, Honig aus Blumen zu saugen,

der

der, denk ich, kann in diesem Gewächsgen auch wohl einen kleinen Beytrag zur Geschichte der Herzen finden.

So komm denn lieber Leser, wenn Du mit warmen unpartheyischen Herzen lesen wilst; lies, und sage mir dann was Du denkst, denn das nehm ich vor Wahrheit; sind aber andre Gründe bey Dir, o so leg's lieber gleich zurück, ich glaube, daß Dir's nichts nutze ist, und drum taugts auch nichts, schrieb's auch nicht für Dich.
Erfurt, den 8ten Sept. 1778.

Erster Brief.

R. den 22ſten Aug. 1772.

Herr von Waller an Karl von Beck.

Geſtern wankte mein Fus nach vielen überſtandnen Beſchwerlichkeiten von dem ſchwimmenden Gebäude wieder aufs feſte Land. Wenn Du Dir einen Begrif von den mancherley Unruhen machen könnteſt, die dem ſchlüpfrigen Elemente des Waſſers eigen ſind, ſo würdeſt Du Dir auch die Freude denken können, die der Anblick des feſten Landes macht. Immer von Waſſer und Himmel umgeben an einerley Gegenſtände gewöhnt — an einen beſtändigen maſchinenförmigen Fortgange täglicher Handlungen, die faſt in nichts als unruhigen Schlaf und unruhigen

Wachen bestehen würden, wenn nicht zuweilen auch ein heiterer Tag die Seele erheiterte — angekettet, eilt man im engsten Verstande einer Schöpfung entgegen, wenn man das Schiff verläßt. Jeder Baum, jedes Gräsgen scheint einen Willkommen zuzunicken — jedes ländliche Gesicht ist neu — jeder Blick heftet sich begierig auf etwas andern, das ihm mehr merkwürdig scheint, und durchlauft die Rundung zehnfach. So ohngefehr muß der Anblick des ersten Sterblichen gewesen seyn, als er der Meisterhand entschlüpft, dem Reiche sich näherte, das ihn als seinen König erwartete. Im wechselnden Andenken an das überstandene und süssen Träumen des Zukünftigen floß mir der gestrige Tag dahin.

Heute wurde ich meinem Onkel dem Baron R. vorgestellt, und dieser Besuch hat mich fast eben so sehr betäubt, als die schwankende Bewegung des Schiffes. Wenn man vom ersten Anblick eines Menschen an, die Ahndungen, die unsern Herzen aufsteigen, für wahr annehmen soll-

soll, so wird mir der Mann gefährlich werden. Ich traf ihn in einem großen Lehnstule sitzend, mit einem so unbedeutendem Gesicht an, daß alle Aufmerksamkeit, die ich auf mich selbst zu haben, für gut befunden, auf einmal fiel.

Er richtete sich auf und mit einer gewissen Erhöhung des Tons, die immer unsern Herzen auffallend ist, sagte er: Mon cher Cousin, es ist mir angenehm Sie hier zu sehen, setzen Sie sich. Dies kalte Betragen brachte mich fast aus aller Fassung — Ich war bereitet, mit aller Wärme eines fühlbaren Herzens einem Manne entgegen zu gehen, den ich einen Theil meines künftigen Schicksals bestimmen zu lassen, entschlossen gewesen war. Nach den ersten Erkundigungen, die natürlich nach gedämpfter Hitze auch von meiner Seite sehr kaltblütig ausfielen, trat ein Frauenzimmer herein, die etwas ältlich zu seyn schien und wie ich nachher erfuhr, eine Niece war, die seine Wirthschaft besorgte. Fräulein, sagte er — Herr von Waller, mein Vetter wird sich

A 2 hier

hier einige Zeit aufhalten. Sie verbeugte sich und
frug meinen Onkel, ob er etwas zu befehlen hätte.
Er bat sie seinen Sohn herauf kommen zu laſſen. Nachdem ſie ſich entfernt, wandte er ſich
in einen Tone zu mir (wenn ich nicht irre,
war er ſehr ſtolz u. ſagte:

" Dieſes iſt ein armes Fräulein, die ich
" nebſt meiner Schweſter zu mir genom-
" men — Es iſt eine meiner Eigenſchaf-
" ten, für Unglückliche zu ſorgen.

Glühend war mein Geſicht gewiß,
Karl, und merken hätte er es auch können,
daß ich mich für ihn ſchämte, wenn er mich an-
geſehen hätte, aber bey den letzten Worten legte er ſich ſo etwas im Lehnſtuhl zurück, als
wenn er hätte ſagen wollen: ſo ein Mann bin
ich. Halb unverſtändlich antwortete ich:

„ Das iſt eine edle Eigenſchaft.

aber ich glühete noch mehr, denn dies hätte
ich

ich gewiß nicht sagen sollen. Ein inneres Bewußtseyn, daß der Mann nicht verdiene edel genannt zu werden, oder wenigstens, daß der Ruhm dieser Handlung schon längst durch das öftere Wiederholen, gleich dem Geiste der Arzney durch öfters Eröfnen verflogen sey, machte mich mit mir selbst unzufrieden.

Es folgten unbedeutende Gespräche. Vielleicht merkte er meine Verlegenheit und sein Urtheil mogte gehen, worauf es wollte, auf den Grund davon fiel er gewiß nicht.

Sein Sohn, ein munterer Knabe von 12 Jahren trat mit einer — Kindern gewöhnlichen Flüchtigkeit herein, machte mir eine Verbeugung und eilte, die Befehle seines Vaters zu hören. Ich freue mich allemal so herzlich, wenn ich ein ofnes Gesicht bey einem Kinde gewahr werde, dessen Lebhaftigkeit, so viel verspricht, und dieser hatte alles in seiner Miene, was nur einen guten Character verrathen kann. Ist Sympathie unsrer Seelen wohl ein blosser

Schall, wenn wir doch täglich Erfahrungen machen, daß eine schnelle Ueberraschung mehr auf uns wirkt, und einen fast sicherern Eindruck macht, als eine langsame Prüfung?

Nach einigen Minuten fiel unser Gespräch auf meine Reise, und da er der Mann ist, dem ich am wenigsten als Reisebeschreiber dienen mögte, und es schien, als wenn ein erweitertes Gespräch darüber entstehen würde, so empfohl ich mich seiner Gewogenheit, küßte meinen kleinen Freund, und gieng nach Hause, um Dir die erste Nachricht von meinen Abentheuern zu geben. Ich bin

Dein

Freund
Waller.

Zweyter Brief.

Den 24ten Aug.

Natalie an Madame M.

Wir haben einen unvermutheten Besuch gehabt, meine Theure, und so klein die Veränderung auch ist, so hemmt sie doch in etwas die Traurigkeit, die in diesem Aufenthalt meine gemeinste Beschäftigung ist. Vorgestern meldete mir meine Schwester, daß Herr von Waller ein Vetter des Barons angekommen, und gestern wurde er zur Tafel gebeten, so sehr wir wünschten, daß dieses unterbleiben mögte. Sie wissen, wie despotisch der Baron sich jederzeit bey Besuchen verhält, und uns allemal in die größte Verlegenheit setzt. Wie kann man mit heitrer Stirne, unter den Augen eines Tyrannen sitzen, der jede Miene zu einem Befehl macht und sich nicht scheut, nachdem seine dumpfe Seele gestimmt ist, Grobheiten auf Unanständigkeiten zu häufen — Sein Haß gegen mich brach auch diesesmal aus. Er befahl

fahl mir im Negligee zur Tafel zu kommen. Den Morgen brachte ich also in Thränen zu. Die Eitelkeit unsres Geschlechts ist zu sehr mein Fehler, als daß ich mich so ruhig darüber wegsetzen könnte. — er kennet diese meine Schwäche, und foltert mich damit. Es schlug zwölfe, und noch weinte ich, als meine Schwester mich bat, ruhig zu seyn, und meinen Anzug zu besorgen. Ich wählte ein weisses Negligee mit grünen Blumen. Ich bin in diese Farbe verliebt, Hoffnung ist meine einzige Zuflucht. Ich putzte mich so gut es geschehen konnte, und ich glaubte mich über den Verlust eines modernen Anzuges trösten zu können.

Herr von Waller war angekommen. Ich trat in den Saal. Ich grüßte den Fremden mit einer angebohrnen Flüchtigkeit, er hatte etwas einnehmendes und mein Blick blieb länger als gewöhnlich auf ihn haften. Ich glaube, ich stellte eine schnelle Vergleichung zwischen ihm und dem Baron an, dem ich gleich darauf meinen Respect bezeigte. Er sahe mich
mit

mit einem fürchterlichen Blick an, wovon ich den Grund in meiner Begrüßung des Fremden suchte. Ich schlug meine Augen nieder und trat zurück. Mein Herz schlug stark, der Gedanke an meinen Anzug erneuerte sich. Ich muß mich oft entfärbet haben. Der unwürdige Blick, den ich gewiß nicht verdiente, schien mir nun meine Kleidung zu treffen, und beschuldigte mich in den Augen des Herrn von Wallers einer Nachläßigkeit. Hier, meine Liebe, habe ich mir Ihre freundschaftliche Hand gewünscht, die ich gedruckt haben würde, und mit Ihrem lieben Kusse würde meine Standhaftigkeit wieder erwacht seyn. O Beste! was habe ich in Ihnen verloren? Wie oft beschämten Sie den störrigen Mann, und machten dadurch meinem Herzen Luft — Hätten Sie es doch auch diesesmal thun können! Es war ein Glück für mich, daß wir uns setzten. Ich bebte schon. Herr von Waller redete mich einigemahl an. Er nannte mich Cousine. Jedesmahl hob sich die Stirne des Barons in Runzeln. Sein Auge rollte Zorn, und schoß zuletzt auf mich. Meine Antworten — meine theure, waren abgebrochen — ängstlich, und meine Zuflucht — nieder auf meinen Teller zu sehen. Ich war die übrige Zeit äusserst verlegen. Die Tafel hob sich. Wir giengen in unser Zimmer. Nach einer halben Stunde führte Baron Robert den Herrn v. Waller zu uns. Er kam mit einer etwas schüchternen Miene auf mich zu, küßte meine Hand, (ich glaube etwas zu heftig) und ersuchte mich, ihn in den Garten zu begleiten. Der junge Baron gieng mit uns. Nach einigen Minuten erschien der Baron selbst. Er rief mich bey seite, und kündigte mir Stubenarrest an. Ich war recht sehr damit zufrieden, und entfernte mich sogleich, denn bisher ist mein Zimmer immer noch ein Heiligthum gewesen.

Seit dem letzten schändlichen Antrage hat er mich keines Worts gewürdiget. Lange, meine Beste, kann ich das Elend hier zu leben nicht aushalten. Wenn ich nur für meine Schwester eine Aussicht hätte, oder sie selbst mehr

dazu

dazu gestimmt fände, den Grafen zu verlassen; denn mit Gewalt kann er uns doch nicht halten. Herr von Waller gieng vor dem Abendessen weg. Er ließ mich zur Tafel rufen. Er schalt fürchterlich, daß ich ohne seine Erlaubniß in den Garten gegangen. Er drohte auf die niedrigste Art mir alle Kleider wegnehmen zu lassen, wenn ich mich unterstehen würde seinem Befehle zuwider mich anzukleiden. Sein erster Blick hätte mir also schmeicheln können.

Leben Sie wohl, Beste, und bedauren Sie
Ihre
arme Natalie

Dritter Brief.

den 18ten Aug 72

Herr von Beil an Herr von Waller.
Lieber Waller.

Dieser Brief trift Dich in R. und meine Wünsche sind seine Gefährten. Möchte Dich doch

doch der Geist der Zufriedenheit auf allen Deinen Wegen begleiten, und Deinem rauschenden Temperamente die gehörige Dose von Mäßigung mittheilen; so würden Deine Tage ein Gewebe von Glück und Deine Jahre Schöpfungen von Seegen seyn: Ich sehe mit jedem Tage einer Nachricht von Dir entgegen; denn nur diese kann meiner Seele die wahre Beruhigung Deines Schicksals wegen geben. Deine würdige Mutter schreibt an mich. Sie legt diesen Brief an Dich bey. Sie überhäuft mich in Ansehung Deiner mit Danke. Wozu sollen diese Ceremonien? Warst Du meinem Herzen nicht das, was ich dem Deinigen war. Oder hab' ich weniger verlohren als Du, da wir uns trennten? Wollte Gott! ich könnte Dich auf immer bey uns sehen, und mein Wunsch wäre erfüllt.

Eilte ich nicht oft in Deine Arme, wenn mich der Kummer über mein Mißgeschick trübte? Sahe ich dann weniger Furchen, in Trauer auf Deiner Stirn schwäben als auf der meinigen?

gen? Ich gebe Dir also den Dank zwiefach zurück. Wenn Du trübe bist, so denk an mich und Du wirst heiter werden — und ist das Glück nicht so neidisch gegen Dich — überhäuft es Dich mit seligen Freuden, so ist Dein Herz zu rein, als daß es dessen vergessen solte, der gerne mit Dir theilte, wenn es ihm zulächelte.

Noch ist der Mensch zu keinem Grabe der Vollkommenheit gelangt — noch hängen wir an der Klippe der Unentschlossenheit. Also verzeihe Waller, wenn ich zuweilen klage. Jeder Brief von dieser Art ist ein Geständniß einer Schwachheit — ein Beweis, daß ich nicht Muth genug habe, das Gewicht zu tragen, das die Ueberströmung meiner Leidenschaften hemmen, den aufbrausenden Stolz meines Herzens unterdrücken soll.

Mein Onkel ist jetzt verreißt. Ich habe nicht die geringste Hofnung zu seiner Einwilligung. Er setzt mir oft zu, mich seinem Willen

len zu unterwerfen, u. ein adliches Frauenzimmer zu heyrathen. Hätte er mein Herz überrascht, ehe es sich fesselte — er hätte gesiegt. Nun ists unmöglich. Er ist von Dir sehr eingenommen. Oft sagt er mir: Du würdest folgsamer gewesen seyn — und nie bereite Dir der Himmel auch das Geschick es nicht seyn zu müssen. So weit lieber Waller und einen herzlichen Wunsch für Dein Wohl von
Deinem
Carl.

Vierter Brief.

den 17ten Aug. 72

Frau von Waller an ihren Sohn.

Lieber Fritz

Schon lange bist Du weg — von Deiner zärtlichen Mutter durch ein unabsehbares Wasser getrennet, und noch seufzt mein Herz vergebens

gebens nach der Gewisheit Deiner glücklichen Ankunft. Jede Welle die unser Ufer benetzt, scheint mir dein Unglück zu verkündigen, jede ist ein trauriger Bote für meine Hofnungen. Ich ahnde nichts als fürchterliche Grillen, und Träume von schrecklichen Abgründen — und dann Dich meinen einzigen Sohn in ihrer Tiefe, wie Deine Hand emporschwebt und Hülfe hinunter winket — ich eile — ich stürze mich hinein — und erwache ängstlicher als ich einschlief. Aber Du weist es und ich weiß es auch daß mein kränklicher Körper dazu geneigt ist, Einbildungen sich als Wahrheiten vorzustellen, und ich beruhige mich wieder mit der Ruhe eines Christen, dem seines Schöpfers Wille der seinige ist. Aber doch sehne ich mich ängstlich nach Dir — O mein Sohn! Mein Herz blutet bey allen Gefahren denen Du entgegen eilest. Nicht mehr von der treuen Hand deines Carls geleitet, sind schlüpfrige Wege auf Deiner Bahn, die Du betreten — Gruben des Verderbens, denen Du Dich nähern, und ihr Opfer werden könntest.

Bey

Bey aller Liebe zu mir, bey dem Andenken Deines verehrungswürdigen Vaters bitte ich — beschwöre ich dich: Meide sie. Hätte doch der Himmel unserm Geiste die Kraft mitgetheilt, um diejenigen zu seyn, deren Glück ihn rührt, — ich wolte jeden Deiner Tritte bewachen. In der Gestalt Deines Schutzengels wolt ich jeden Bösewicht, der sich Dir näherte, verscheuchen, jede lockende Syrene, die Deine Sinne zu reitzen sich schmückte, würde ich entlarven, und in dem Lichte der Häßlichkeit zu Deiner Warnung Dir darstellen. — Jeden Gedanken, der deinem Herzen entschlüpfte, um Dich zu beflecken, wolt ich in seiner Geburt ersticken — und ohne zu schaden, würde er nur Deine Verachtung davon tragen.

Aber was helfen Wünsche? Meine heissesten Seufzer sollen ersetzen, wozu meine Kräfte nicht hinreichen. Das letzte Gebet Deines sterbenden Vaters war Tugend für Dich; und seit diesen schreckenvollen Augenblicke beschäftigt meine Seele nichts als dieser Wunsch. Mögtest

test du doch in deinem Onkel deinen Vater wieder finden aber — verzeihe daß ich zweifle. Seine Kindheit versprach dies nicht. Glücklich werde ich seyn, wenn du mich eines bessern überzeugst. Bleibe mein Sohn stets ein eifriger Vertheidiger der Wahrheit. Weiche nicht von ihr — und sie wird deinen Weg bestreuen mit den Blumen der Ruhe und des guten Gewissens. Diese nur tragen die Früchte, die im Alter reifen, und die man in jenem Leben genüßt. Wenn dann einst mein Fuß die Grube betritt, die mich der Sterblichkeit entzieht, so wird die letzte Kraft meiner Hand sie dir entgegen strecken, mein Seegen wird dir noch Balsam seyn, und leichter wird die Erde meine Hülle decken. Dies sind die Regungen — die Wünsche

Deiner

zärtlichen Mutter

v. Waller.

Fünfter Brief.

den 26ten Aug.

Waller an Carl.

Gestern konnte ich deinen Brief nicht beantworten. Der theure Brief meiner Mutter hatte mein Gemüth so traurig gestimmt, daß ich es durch einen Spaziergang zu erheitern genöthigt war. Der deinige nicht weniger. Dein Onkel ist doch immer unbillig, daß er Carolinens Verdiensten so wenig Gerechtigkeit wiederfahren läßt. Der Himmel hat dir einen grössern Grad von Standhaftigkeit gegeben, als mir. Ich hätte lange mit ihm gebrochen. Er ist doch nicht dein Vater und du bist so frey wie ein Vogel unter dem Himmel — Und wenn du recht bedenkst, daß deine besten Jahre verschleichen, wie der Regen in der offnen See ungenutzt dahin fähret, und von den Wellen verschlungen keine gesengte Blume netzet, und erquicket, so muß doch Pflicht und Liebe mit einem kleinen Grade menschlicher Schwachheit, wozu du dich selbst bekennest, verknüpft, dich zuweilen zu dem Wunsch bringen, alle diese Bande zu zerreissen, und mit Karolinen glücklich zu seyn.

Ich danke dem Himmel, daß mein Onkel nichts über mich zu sagen hat. Er ist mir jetzt schon fast unausstehlich. Den Tag nach meinem abgelegten Besuch ließ er mich zu Mittag bitten. Ich glaubte Gesellschaft da zu treffen und kleidete mich sehr ordentlich, allein er speisete wie er sich auszudrücken beliebte, en famille, und gab mir nicht undeutlich zu verstehen, daß dies die größte Ehre sey, die er einem Fremden erweisen könnte. Ich war wenige Minuten da, so trat die Schwester des Fräuleins herein, die ich zuerst gesehen hatte. Glaube mir es, Carl, ich war ganz ausser mir — so viele Reitze glaubte ich hier nicht zu finden — keine vollkommene Schönheit, aber eine sanfte Miene, schöne blonde Augen, ein reitzender Wuchs, und eine blendende Haut. Sie grüßte mich mit einer Anmuth, daß ihre Stellung mir noch immer

vor Augen schwebt — hierauf meinen Onkel; allein er warf einen fürchterlichen Blick auf sie, der die ganze Seele des Mädgens erschütterte. So wie das Roth einer frisch aufgeblüheten Rose unter dem versehrenden Rauch eines nahen Feuers schwindet, so erblaßte Natalie bey diesem Blick. Ich hätte mögen versinken, und es war als wenn ein brennendes Feuer die Farbe, die ihr entwich, zu mir getragen hätte. Ich glühete. Du weißt, dies ist immer meine Schwachheit gewesen. Das unschuldige Mädgen hätte sollen zu mir aufsehen und reges Mitgefühl würde sie in meinem Blicke gelesen haben. Aber sie warf tief im Schlummer der Traurigkeit ihre Augen zur Erde hieder. Ich wandte mich um. Der Pfeil war mir zu scharf. Ich mußte ans Fenster treten, um mich zu erholen. War es Unwille über ihre Kleidung, was ihn dazu bewog? Es schien ein Negligee zu seyn, und die andern Karrikaturgesichter waren hoch aufgeputzt, wie schaale Prinzeßinnen des Alterthums. Ich hätte viel darum gegeben, ihr
diesen

diesen Auftritt zu ersparen, aber auch unendlich hätte ich verloren, wenn ich sie in einer andern Gestalt gesehen. Bey Tische redete ich sie einigemal an. Halb gebrochen antwortete sie mir, mit einem jedesmaligen Erröthen, und seine Augen rollten Blitze auf sie. Ich war froh, da die Tafel aufgehoben wurde und noch mehr, als er mir ankündigte, daß er nach Tische gewohnt sey etwas zu schlafen, und mich bat, in den Garten zu gehen. Mein kleiner Freund unterhielt mich einige Zeit sehr angenehm, und führte mich alsdenn zu dem Frauenzimmer. Ich bat Natalien mit in Garten zu gehen. — Sie erröthete und thats. Ihre Antworten waren schnell und verriethen Witz und Lebhaftigkeit. Der Argus hatte uns entdeckt, und trennte uns zu unserm größten Mißvergnügen. Ich gieng bald darauf weg. Ich warf mich zu Haus in einen Stuhl und überdachte sein Betragen. Unglaublich kam es mir vor — daß Menschen Vergnügen daran finden könnten, die Sanftmuth selbst zu beleidigen — und

B. 3

uns

unendliche Reitze ohne Mitleiden anzusehen. Sind wir denn so unselige Geschöpfe, daß wir nur auf Kosten anderer unsere Leidenschaften vergnügen können — daß wir unfühlbar sind, wenn wir etwas verlieren, dessen Erhaltung unser ganzes Leben mit Wonnegefühl durchflechten könnte?

Arme Sterbliche!

Ich gieng gestern morgen wieder hin. Mein Onkel war ausgegangen. Ich gieng gerade in Nataliens Zimmer. Sie saß mit verweinten Augen an einem kleinen Tisch und stickte.

Beydes zusammen, sagte ich, wird das Feuer dieser Augen bald schwächen. —

O! daß es schon getödtet wäre, erwiederte sie in einem Uebermaaße von Traurigkeit. Sie erholte sich aber gleich wieder, und nach einer kleinen Pause setzte sie hinzu „Ich war eben im traurigen Andenken an die Galotti begriffen — Jedes Mädgen sollte wünschen häßlich zu seyn.

Grau-

Grausamer Gedanke! der uns zu elenden Forschern einer nothwendigen Philosophie machen würde. So sagte ich nicht. Aber ich dachte es, und wir wurden gestört. Es ist nicht möglich, daß man in diesem Hause eine Viertelstunde ruhig seyn kann. Wie ich nach Hause kam, fand ich meinen Wirth auf meinem Zimmer. Ich suchte ihn in Ansehung des Barons auszuforschen. Dieses ist zwar sonst eine Handlung, die ich nicht billige, allein in Fällen, die Ausnahmen leiden, ist sie nothwendig. Er entdeckte mir, daß er eine unordentliche Lebensart führe, und ich — ich glaubte es nicht, weil meine gewöhnliche Idee vom Menschen immer auf der vortheilhaftesten Seite ist.

Gestern erhielt ich die beyden Briefe. Wie mir dabey zu muthe war, kannst du dir vorstellen. Ich saß einige Stunden ohne zu denken, und zu fühlen. Endlich fiel mirs bey, daß der Graf verreißt sey. Ich versuchte Natalien zu einem Spaziergang zu bewegen — Nach einigem Weigern that sie es. Meine Seele war gestimmt, traurig zu seyn. Sie stimmte bald mit ein. Wir klagten einander, ohne daß einer des andern Klagen verstand und kamen zuletzt in der Meynung überein, daß wir unglücklich wären. Sie sprach viel von einer Freundin Madame M. und ich von dir einiges. — Sie sagte auch, daß ihr Onkel sie schlimm hielte — und daß sie keine Hoffnung hätte, von ihm errettet zu werden. Ich tröstete sie so gut ich konnte. Meine Seele hieng wircklich schon an ihr. Sie hielt Thränen mit Gewalt zurück, die ich in ihren Augen sahe. Ich brachte sie nach Hause, und schied mit viel Fülle meines Herzens für sie — von ihr. Wie ich zurück kam, schrieb ich noch den Brief an meine Mutter, der hier beyliegt. Du wirst ihn besorgen. Mein Brief ist länger geworden, als ich geglaubt hätte. Und alles von meiner unglücklichen Natalie. Dir, Freund, nur noch den Wunsch, daß bald — bald Karoline die Deinige, und du glücklich werden mögest. Lebe wohl bester Karl! Es umarmt dich brüderlich

Dein Waller.

NS.

N. S. Morgen hoffe ich mehr von Natalien zu erfahren, sie hat mir einen Spatziergang zugesagt weil der Onkel verreißt ist.

Sechster Brief.
den 25ten Aug.
Walter an seine Mutter.

Verehrungswürdige Mutter!

Mit Thränen kindlicher Liebe und Dankbarkeit habe ich Ihren Brief gelesen, theuerste Mutter — Ihren Brief, der für mich mit dem wärmsten Feuer brannte.

Warum müssen doch Eltern anstatt der süssen Früchte ihrer Erziehung, Thränen erndten? Gewiß, Beste der Mütter, diese Belohnungen müssen nur für die Ewigkeit aufbehalten seyn!

Kein Glanz der Welt — kein Thron — kein Stolz ist fähig, Ihnen das zu vergelten, was Ihre mütterliche Zärtlichkeit für mich that — Und wenn meiner Jahre so viel wären, als Tage, die Sie für mich lebten, und je-

des dieser Jahre enthielte keine Handlung, die nicht Dank für sie brächte, so wäre es nicht genug für Ihre Sorgfalt.

Nehmen Sie also was ich geben kann — Nehmen Sie das heiligste Versprechen von der Hand Ihres Sohnes, nie den Weg zu verlassen, den Sie ihm vorgeschrieben — nie der Tugend ungetreu zu werden — lassen Sie Ihren Geist stets bey mir seyn! — Sie zur Seite werde ich jedem Fallstrick leicht entgehen, der mich zu fesseln sucht.

Mein Onkel, liebe Mutter, ist nicht der Mann, wie Sie ihn wünschen. — Er ist ein harter — stolzer Mann. Er hat nicht die vergebende Miene, die Sie in den Augen aller Rechtschaffenen so ehrwürdig macht.

Er begegnet mir mehr als einem Fremden, wenigstens nicht als dem Sohn seiner einzigen Schwester. Sein erster Empfang war kalt wie der Gruß eines Gläubigers. Er hat zwey Nichten bey sich, die älteste führt seine Wirthschaft. Die zweyte ist ein blühendes junges Kind von achtzehn Jahren, sittsam und traurig, immer Thränen in ihren Augen.

gen. Er begegnet ihr hart, und sie duldet wie eine Heilige. Ich sahe sie täglich, und immer entdeckte ich neue Vollkommenheiten an ihr.

Ihr Umgang wird mir einigermaßen das ersetzen, was ich in meinem Onkel verliere, und auch mich für die Beschwerlichkeiten meiner Reise schadlos halten. Sie dauerte 4 Wochen, und war fürchterlich. Das Andenken an Ihr heisses Gebet für mich, liebe Mutter, ist mir oft tröstlich gewesen. Auch in den Begebenheiten meiner folgenden Jahre wird es beruhigend, es wird kräftig seyn. Gönnen sie ferner diesen Trost

   Ihrem
     gehorsamen Sohne
     Waller.

Siebenter Brief.
     den 28ten Aug.
 Waller an Carl.

Wundere dich nicht, Carl, wenn du in diesem Briefe alle die raschen Empfindungen entdeckest, die du so sorgfältig zu unterdrücken suchtest

test — Ich bin gefesselt, gebunden an das Schicksal des theuren Mädgens. Gestern siegten ihre Thränen über mein Herz — über meine Standhaftigkeit, über meinen Muth, — ja sie hätten über mein Leben gesiegt. O ihr kaltblütigen Philosophen, denen weinende Augen Verführung, und eine sanfte Seele ein Spott ist — was sind eure mit Zwang und Mühseligkeit durchdachzten Jahre gegen eine Stunde voll Entzückung voll reiner unschuldiger Liebe?

Was helfen euch wohl die Tage, wo ihr sehnsuchtsvoll jede Minute zurück sehet, ob es nicht möglich ist, die Liebe mit Euren Grundsätzen zu verbinden?

Es war schon spät als ich gestern hingieng, Natalien abzuholen. Weiß im Unschuldsbilde stand sie da, schlank wie die junge Birke und erwartete mich. Sie lächelte zum erstenmale mir entgegen — und ihr Lächeln legte die Schlinge, die sich hernach um mich anzog. Ich entschuldigte meine Verzögerung mit einer sichtbaren Verwirrung. Wir giengen langsam auf einen Gang von dichten Ulmen

men zu, an deren einen Seite ein Berg sich erhob, in deſſen Stellung die Sonne Diamanten hervorzubringen ſchien — Auf der andern Seite floß ein klarer Bach, in deſſen Tiefe Fiſche heerdenweiſe ſich beluſtigten. Der Himmel war heiter — blau wie Natalliens Auge. Als wir in die ſchönſte Gegend kamen, ſeufzte Sie — und Waller ſeufzte auch. Gott! rief ſie aus, wie ſelig muß der ſeyn, der dieſes alles anſehen kann, ohne einen nagenden Wurm zu haben, der Bitterkeit in dieſes Paradies menget! Dieſe Gegend muß ſie entzücken, Herr von Waller — Ich erwachte wie aus einem Traume. Mich? ſagte ich — Nein, Natalie, (das erſtemal nannte ich ſie ſo in der Fülle meines Herzens) Nein die Wahrheit zu ſagen, ich fühle wenig davon. Ich war vertieft — und ihr Seufzer — Glück verräth er gewiß nicht — Einmal iſt ihre Heiterkeit geſtört. Wolten ſie mich wohl zum Vertrauten ihres Unglücks machen?

Natalie. Was hilft es ihnen Unglück zu kennen — Waller, Sie haben Gefühl und werden leiden. Erſparen ſie ſich dieſes.

Ich

Ich. Beste Natalie! Ich nehme zu vielem Theil — Gestern bey Ihrem Abschiede liessen Sie einige Worte von ihrer Geschichte fallen — Lassen Sie mich sie ganz wissen, ganz — um ihre immerwährende Thränen zu rechtfertigen.

Natalie. Herr von Waller — Meine Geschichte ist traurig und ich habe keine Aussicht zu glücklichern Zeiten — Ueberdies, so gestehe ich Ihnen, daß ihr Onkel viele Schuld an dem Mißvergnügen hat, das mich drückt. Ich brauche es zwar der Welt nicht zu verhehlen — allein mein ofnes Herz möchte zu viel entdecken — Entweder ihr Onkel würde ihnen verhaßt werden oder sie müßten mich hassen.

Ich. Fräulein! Wenig fehlt, und ich hasse ihn jetzt schon, ich wünsche ihn zu hassen um Sie — Aber ich bin ausser mir — Ja! sagen sie mir alles, was sein Stolz über Sie beschloß —

Natalie. Sein Stolz? Wäre er der einzige Feind! Waller! Waller! wir sind arm-
selige

selige Geschöpfe wenn wir unter der fürchterlichen Tyranney ihres Geschlechts leben.

Wir giengen unter den Bäumen fort. Dieses — Waller — fiel mir sehr auf. Aller Affekt, dessen sie fähig war, war darinn ausgedrückt — Wir kamen an einen Hügel und setzten uns auf eine Rasenbank, die unter einer ehrwürdigen Eiche angelegt war, deren Wipfel den ganzen Hügel beschattete — Ich drang weiter in sie. Wehmüthig erzählte sie mir dasjenige von ihrer Geschichte, wovon ich dir hier den Auszug mittheile. Hr. von Sommer, der Vater meiner Natalie, war ein Oberster, den seine Tapferkeit von der Musquete zu diesem Posten gebracht. Was hat ein Edelmann ohne Vermögen für Aussichten als den Krieg. Er blieb in einer Attaque, und hinterließ seine Gemahlin mit 5 unerzogenen Kindern. Diese war eine Schwester meiner Tante, und nach dem Tode der Baronesse fand mein unmenschlicher Onkel den Weg, seine Schwägerin um den Rest ihres Vermögens zu bringen. Sie stand es ihm ohne Murren zu, weil der Schein des Rechtes für ihn

ihn war. Sie lebte eine Zeitlang in dem äuſ-
ſerſten Elende, und konnte kaum ſich und ihre
Kinder für den Hunger ſchützen. Endlich
kam mein Onkle mit der Miene der Heilig-
keit, deren ſich Böſewichter ſo gern bedienen,
und bot ihr die Gefälligkeit an, einige ihrer
Kinder zu ſich zu nehmen. Die Larve der
Frömmigkeit betrog ſie, ſie gab ihm 2 ihrer
Töchter. Die älteſte fiel in ſeine Falle, ſie
liebte ihn wircklich, und die goldenen Verſpre-
chungen hatten ihr unerfahrnes Herz geblendet. Er hatte ihr immer mit einer Heyrath
geſchmeichelt, und ſie kannte die Bosheiten
der Welt zu wenig, um ſolchen Anträgen zu
widerſtreben.

Natalie wuchs unter Beſchwerlichkeiten auf,
die ihren Werth vergröſſern. Von dem erſten
Zeitpunkte, da ſie einiger Begriffe ihm fähig
zu ſeyn ſchien, gab er ſich alle Mühe ihr Herz
zu verderben, und die Tugend ihr abgeſchmackt
vorzuſtellen. Wie leicht hätte die junge Heilige, deren Herz jedem Eindrucke offen war,
dieſen ſüſſen Gift annehmen, und von ſeinem
falſchen Reitze bezaubert werden können. Aber

ſie

sie war früh reif. Das Beyspiel ihrer Schwester; die schnelle Veränderung in der Gemüthsart ihres Verführers, seine finstere Seele die unter allen Verkleidungen doch ihre Farbe durchschimmern ließ, hatten ihr Zeit zum Nachdenken gegeben, und ihre reine Seele war so fest in dem Entschlusse der Tugend und so gewiegt in ihrer Vertheidigung, daß sie seinen Begriffen vom Genusse dieses Lebens mit den überzeugendsten Gründen widersprach, und dadurch zwar ihre Leiden vergrösserte aber auch einem Uebermaaße von Selbstzufriedenheit entgegenarbeitete. Seitdem haßte sie der Baron aufs äusserste, alle angestellte Versuche ihrer Errettung waren fruchtlos, und täglich veränderte Plagen, deren Grausamkeit die gute Seele mir größtentheils verschwieg, waren der Stoff ihrer Gedanken. Sie endigte ihre Erzählung mit den Worten: Oft würde ich das Ende meiner Leiden gesucht haben, wenn die Hand der Religion nicht über mich gewacht hätte.

Ihr sanfter Ton — ihre thränende Augen, Carl, brachten mich ganz aus meiner Fassung. Ich hielt ihre Hand in die meinige geschlossen, mit allem Ausdrucke von Leidenschaft — mein Blick heftete sich auf sie, und in ihr kämpfte eine lebhafte Empfindung.

Thorheit ist es, Carl, daß Liebe ein Werk der Zeit seyn soll; unempfindliche Menschen sind es, die erst mit den Jahren die Standhaftigkeit derselben erwarten, und Bösewichter sind es, die da glauben, daß eine schnell entstandene Liebe eben so schnell wieder untergehe.

Bey mir war sie das Werk eines Augenblicks — und ich fühle es, daß sie nie vergehen kann — Jeder Gedanke ist nur an sie — und jede meiner Handlungen wird für ihr Glück, für das Ende ihrer Leiden seyn. Wird sie einst die meinige, so sollen die reinsten Freuden ihren Leiden folgen — jeder meiner Blicke soll ihr Zufriedenheit entgegen stralen — jeder Augenblick meines Lebens ihr geopfert seyn.

Wün-

Wünsche es mir, Carl, daß ich die reine, die englische Seele besitzen möge. Ich bin

Dein
treuer Bruder
Waller.

Achter Brief.

R. den 29sten Aug.

Fräulein Sommer an Madame M.

Um des Himmels willen, liebe Madame, sagen Sie uns, wo Natalie ist? Hat sie ihre Zuflucht nicht zu Ihnen genommen, so ist sie gewiß verloren.

Der Baron ist ausser sich — Er bereuet seine Hitze aufs äusserste — Er hatte Anordnung gemacht, daß man sie sollte in den Augen behalten. Seine Absicht war nur sie einzuschrecken. Die Leute verfehlten sie.

Er

Er hat den einen halb todt prügeln laſſen, und der andere iſt davon gelaufen.

Wüßte ich nur, liebe Madame, daß meine Schweſter gut aufgehoben wäre — ich wollte ſie nie wieder zum Baron haben. Seine Abſichten ſind ſchändlich. Jetzt erſtreckt ſich ſeine Wuth über das ganze Haus. Er läßt keinen Fremden vor ſich. Er wird morgen verreiſen.

Wenn Sie können — Wenn Natalie bey Ihnen iſt; oder Sie wiſſen wo ſie ſich aufhält, ſo haben Sie die Barmherzigkeit für eine theilnehmende Schweſter, und melden Sie es. Der Baron ſoll nichts davon erfahren.

Alle Neigung zu dem Böſewicht iſt unterdrückt. Ich werde ſuchen ſein Haus, ſo bald als möglich, zu verlaſſen. Des Barons Verwandte murmeln über dieſe Begebenheit, aber keiner getraut ſich ein Wort zu ſagen.

Schrei-

Schreiben Sie, meine liebe Madame, mit der nächsten Post, und beruhigen Sie

Ihre

ergebne Freundin
v. Sommer.

Neunter Brief.

R. den 30ſten Aug.

Waller an Carl.

Soll ich dir meinen Zuſtand ſchildern, Carl? Soll ich dir ſagen, ob ich denke — ob ich lebe? Faſt — faſt weiß ich es nicht. Ich bin wie ein Taumelnder, der alle Mittel, ſich aufrecht zu halten, verloren — wie ein Schwimmender der ſinken will. Alle meine Seelenkräfte ſind wie ein Chaos verwirrt; herunter geriſſen bin ich von der Höhe meiner Hoffnungen — meiner ſüßen Hoffnungen. Ich habe meine Geliebte — meine Nataslie

ſie verloren. Niemand weiß wo ſie iſt. Ich laufe nun durch unwegſame Gegenden, die vielleicht nie ein menſchliches Geſicht erblickte — und die nur ein ſo unglücklicher Fus, wie der meinige, betreten kann. Genug ermüdet gehe ich zurück. und weiß nicht wo ich war — Ihr Bild begleitet mich allenthalben und gräßliche Geſtalten verfolgen ſie.

Carl! Carl! ſage mir was der werth ſey, der ſo unmenſchlich handeln kann? Auf die ſchimpflichſte Art einen Engel verſtoſſen? O barbariſcher Mann! Daß Höllenfeuer dich nicht ergriff, wie du dieſen Gedanken faßteſt! O Natalie — daß du nicht in meine Arme eilteſt, wo ich dich geheget, und vor dem Ungeheuer beſchützt hätte!

Alle meine Entſchloſſenheit iſt herunter — ich weiß nicht was ich thun ſoll ſie zu finden. Soll ich ſie ſuchen die gewiß — gewiß der Kummer verzehrt — vielleicht ſchon getödet hat?

Aber

Aber sollte es nicht einen mitfühlenden Menschen geben, der die irrende verwaißte aufgenommen — und ihre schmachtende Seele erquickt hätte? Sollte Menschlichkeit so ganz unter denen nach dem Bilde des Ewigen geformten Geschöpfen verbannt seyn? Mein Carl! Dies ist noch mein Trost — meine Hoffnung. — Gewiß sie wird suchen mir Nachricht zu geben, welches freundschaftliche Dach sie herberget — und dann will ich die Einwohner desselben segnen, und und der Wohlthäter soll mir ewig unvergeßlich seyn.

Mein Onkel hat mich zweymal abweisen lassen — Nun gehe ich nicht wieder — Was soll mir auch das verödete Haus? Seitdem der sanfte Bewohner meines Herzens es verlassen, muß es eine finstre Höle seyn — finsterer als meine Schwermuth.

Mein Wirth sieht mich mitleidig an. Er weiß die Geschichte. Er kann aber unmöglich meinen Antheil daran ergründen. Die

ganze

ganze Stadt ist voll davon, und die Muthmaßungen sind verschieden. Man hat die arme leidende weinend durch einige Strassen gehen sehen.

Wenn ich die Sache so ganz fasse, so möchte ich rasend werden, daß ich die Ursache ihres Leidens bin. Aber meine Nachläßigkeit kann ich mir nicht vergeben. Denn hätte ich jeden ihrer Tritte beobachtet, so wäre dieser Leidensgang für mich ein Weg der Entzükung — ewiger Wonne gewesen.

Bedaure deinen Waller so lange als den unglücklichsten, bis du andere Nachrichten bekommst. Wärest du hier — ich würde doch eine freundschaftliche Brust haben an die ich mich lehnen und sagen könnte: hier will ich ruhen — ruhen von der drückenden Last meiner Seele. — auf will ich mich schwingen, und Kräfte sammlen, zu neuen Kämpfen. Lebe wohl treuer Freund, nie wird aufhören dich zu lieben.

Dein
unglücklicher
Waller.

- Zehn-

Zehnter Brief.

den 2ten Sept.

John an den Baron R.
Gnädiger Herr Baron.

Seit dem ich von Sie gegangen bin, hab ich ordentlich Ruh und Rast. Vorher war mir immer so bange, daß ich nicht wußte, wohin, und daß ich oft habe denken gethan, der böse Feind, Gott sey bey uns, wäre bey mir. Und das kömmt daher, hab ich wohl merken gethan, daß Sie mir immer in so schlechten Affairen gebrauchen thaten, daß ich mußte die Mädgen Ihnen zubringen, oder die Kinder mich zum Vater brauchen und auf mich taufen lassen thun. Nun thue ich wohl begreifen, daß das eine gottesehrvergeßne Sache ist, und darum bin ich bey Sie weggegangen, weil Sie mir hätten halb todt prügeln lassen gethan, und nun ich wek bin, bin ich froh, und verlange keines mahl wieder in ihre Baronhafte Hände zu kommen, weil Sie wohl

gar kumpabel wären mich todt zu machen, und meine arme Seel' auch mit Ihrer hoßen Sünden theilhaftig zu machen. Also daß Ihnen meine Meynung zu wissend ist, hab' ich solches wollen kund machen thun, damit Sie mir einen ehrlichen Abschied geben thäten, und schicken solchen nur in den grünen Schwan, wo ich logieren thu. Wollen sie es, so werd ich auch schweigen, von mancherley der Excessen die Sie begehen thaten, nur dauert mich die arme Frölen die nun wohl wird vor Desperation ins Wasser springen thun, und da haben Sie's auf Ihren Gewissen. Danke Gott nochmahls daß ich von Ihnen weg seyn thue, und bin wie allezeit

Ihr

getreuer Knecht
John.

Ellf=

Eilfter Brief.

D. den 3ten Sept.

Madame M. an Fräulein Sommer.

Die Reise des Barons betraf uns, meine Liebe, und gut war es, daß Sie mich davon benachrichtigten; daß meine arme Freundin nicht mehr bey Ihnen ist, sonst würde mich sein Besuch unendlich erschreckt haben. Er trat mit seiner gewöhnlichen Miene gerade in mein Zimmer, ohne sich melden zu lassen noch sich zu entschuldigen, und bat mich, ihm zu melden wo Fräulein Natalie sich aufhielte — Denn, setzte er hinzu, sie hat keine Vertraute als Sie, und muß also, wenn sie sich nicht bey ihnen aufhält, ihnen doch Nachrichten gegeben haben, wo sie ist. Also, Madame, werden sie mich verbinden wenn sie mir solches zu wissen thun.

Ich. So unbegreiflich und unerwartet mir dieser Besuch ist, so kann ich ihn doch nunmehr

mehr doch entschuldigen, da der Herr Baron der Ursache desselben erwähnen, aber bey meiner Ehre kann ich Ihnen versichern, daß Natalie sich weder bey mir aufhält, noch auch mich von ihren Aufenthalt benachrichtiget.

Baron. Nun wollen sie mich wieder zwingen, Ihnen Unmöglichkeiten zu glauben. Ich denke ohnedem, diese ganze Sache betrifft Sie zu sehr, als daß sie mit solcher Kälte davon reden sollten?

Ich. Sie betrifft mein Herz zu sehr, Herr Baron, denn meine Freundin ist vielleicht in bedaurenswürdigen Umständen, von aller Welt verlassen — und — wäre ihr Besuch nicht so unvermuthet gekommen, vielleicht hätte ich wärmer von der Sache gesprochen.

Baron. Madame! Ich sehe wir verstehen uns nicht. Ich meyne ihr Antheil drückt sie etwas mehr. Sie haben den Grund dazu gelegt. Nataliens Schicksal ist gewiß ihr Werk. Ehe sie in mein Haus kamen, dachten

dachten meine Pflegekinder an keine Widerspenstigkeit. In Unschuld gehorchten sie mir. Sie kamen. Mit ihren einnehmenden Gift weckten sie den Keim der Eitelkeit in den Mädgen, diese gebar Stolz — und dieser Ungehorsam. Unter dem Scheine einer romantischen Tugend verdarben sie die Herzen derer, die sie hätten in ihrer Pflicht erhalten sollen. Haben sie nun Antheil an Nataliens Unglück?

Ich. Ich freue mich mein Herr Baron, daß ich aufrichtig mit Ihnen sprechen kann. Da ich in ihr Haus kam, fand ich, daß Unschuld darin unterdrückt, und unter dem Scheine des Gehorsams Bosheit empor gekommen war.

Baron. Bosheit! Madame! Bedenken Sie auch was Sie sagen?

Ich. Nennen sie es mit einen gelindern Namen — Freydenken so bald es zu weit geht — so bald es Unrecht ist, ist Bosheit, besonders wenn solches Gemüthern eingeprägt wird, die zu weich, zu zart, zu neu sind,

als

als daß sie das Falsche davon unterscheiden könnten. Ich will bey Natalien bleiben. Ihre Absichten auf sie, Herr Baron, mögen gewesen seyn welche sie wollen, genug — ich fand dieses Herz auf einem Wege zur Vollkommenheit, worinn es von Ihnen irre gemacht wurde. Ich fand es zur Freundschaft gestimmt, ja ich fand es seufzend nach einem Vertrauten seiner gefahrvollen Bahn. Sie kennen mich genug, als daß Sie mich fähig halten sollten, eine solche Gelegenheit vorbey zu lassen, Gutes zu thun. Ich habe nichts gethan, als den Trieb befestiget, den Natalie hatte, der Tugend zu folgen. Ich habe ihr einen deutlichen Begriff, besonders von den feinern Arten der Verführung, von der zu großen Freyheit zu denken, und von der stufenweisen Verschlimmerung eines Frauenzimmers bey den geringsten Vergehungen beyzubringen gesucht. Kurz, ich habe den Funken angefacht, der in ihrer Seele lag — und er hat gelodert zu hellen Flammen.

Baron. Gewiß dadurch, daß sie mich verläßt. Billigen Sie diese Handlung auch?

Ich. Nachdem die Ursache dazu war, mein Herr Baron. Ist sie nicht wichtig genug, so kann ich sie nicht billigen — Aber vielleicht haben Sie sie dazu gebracht, vielleicht selbst ihr befohlen, ihr Haus zu verlassen?

Baron. Als Herr meines Hauses hatte ich das Recht dazu. Ich verbot ihr das Haus, weil sie sich widerspenstig bezeigte. Konnte sie nicht bitten? War es nicht ihre Schuldigkeit, ihres Pflegevaters Zorn zu dämpfen — ihn zur Versöhnung zu bewegen?

Ich. Allerdings würde ich so urtheilen wie Sie, wenn ich den Vorfall von ihrer Seite betrachtete. Aber ich kenne ihn nicht. Es muß immer etwas vorgefallen seyn, was Natalien fürchterlich ist. Ihr Herz ist zu zärtlich, als daß es eine Beleidigung nicht verzeihen sollte; die nur irgend mit ihrer Unschuld bestehen kann.

Er

Er stand heftig vom Stuhle auf, als ich dieses sagte.

Baron. Mir verzeihen? Natalie! Mir verzeihen? Ist das die Moral, die Sie meinen Kindern beygebracht? Soll ich Ihnen dafür danken?

Ich. Herr Baron! Es ist unschicklich, daß Sie erwachsene Frauenzimmer als Kinder betrachten wollen, denen man die Ruthe giebt. Glauben Sie, daß Sie ausser dem Verhältniß sind, eine Pflegetochter beleidigen zu können, so irren Sie sich. Ich muß Ihnen sagen, Sie — befinden sich besonders darinn. Meine Freundin wird nie die Achtung gegen Sie aus den Augen gesetzt haben, wenn Sie es nicht an sie brachten.

Baron. Und sie würde nie diesen Fehler, der ihr meine ewige Verfolgung zuzieht, begangen haben — wären die Vorbereitungen dazu nicht Ihre Lehren gewesen!

Ich. Sie können Recht haben, Herr Baron. Natalie würde vielleicht, und dieses
ist

ist noch ein ungewisses Vielleicht, sie würde nach und nach durch Ihre Denkungsart geblendet, von Stufe zu Stufe herunter gegangen seyn. Sie würde die süssen Empfindungen von Ehre und Religion in einem Ihrer Denkungsart gemäßen Lichte betrachtet, und sich Ihnen verbunden geglaubt haben. Und dies alles wäre auf eine unglückliche Befriedigung unmenschlicher Leidenschaften hinausgegangen. Ich kenne Sie, mein Herr Baron. Sie verbergen viel zu wenig von der wahren Meynung Ihres Herzens, um so leicht zu hintergehen, und ich glaube bey allen Mitteln, die Sie von den ersten Jahren an Natalien Verderben wandten, würde Ihnen dennoch der Erfolg wenig geschmeichelt haben. Aber bedenken Sie, welcher Vollkommenheit Sie Natalien entrissen haben. Wenn Sie Ihre Jugendjahre zur Bildung ihres Herzens angewendet hätten, wenn Sie ihr Gemüth mit allen Nebenwegen bekannt gemacht hätten, vor denen sie vorbey gehen mußte, ohne ihnen einmal einen Blick zu gönnen, so würden

den Sie jetzt einen Schatz besitzen, der mehr als Kronen werth wäre.

Baron. Vortreflich! Schade, daß ich nicht Zeit habe, ihr moralisches Kollegium auszuhören, Madame — Aber alle diese Erinnerungen, alle diese idealische Begriffe von Tugend — Verbesserung — Sitten. — Bildung u. s. w. werden Sie nicht von der Pflicht befreyen, mir Natalien oder eine Nachricht von ihr herauszugeben.

Ich. Ich habe schon meine Ehre zum Pfande gesetzt, daß ich nichts weiß.

Baron. Ey was Ehre — Wollen Sie nicht in Güte, so werde ich die Gesetze zu Hülfe nehmen. Ich werde ihr Haus durchsuchen, ihre Briefe beschlagen lassen.

Mit diesen Worten gieng er zur Stube hinaus ohne zu grüßen; fluchte ein paarmal in sich, und rief zuletzt, wie er sich im Wagen setzte:

Das verdammte Mädchen! Ein ganzer Narre war ich, daß ich sie gehen ließ.

Die ganze Menge von Zuschauern, die sich indessen versammlet hatten, dachten gewiß das nämliche, und hin und wieder hörte man auch ein dumpfes Ja hervorbrechen.

Aber genug von dem Mann, der so ganz ausser aller menschlichen Betrachtung seyn sollte, ohne, daß man ihn zum Spiegel aller Thorheiten gebrauchen könnte, der durch zurückgeworfne Stralen manchen belehren würde. Aber für meine Freundin bin ich besorgt. In welchem Winkel wird die flüchtige Taube sich verborgen haben, wo sie vielleicht den Klauen eines noch wütendern Raubvogels ausgesetzt ist. Ich kann eben nicht läugnen die Flucht war nicht der rechte Weg. Aber ich kenne meine Natalie zu gut, als daß sie von den Lehren der Weisheit und Tugend weichen sollte. Wenn nur ihr Verstand nicht gelitten? Wenn nur ihre Flucht nicht die Ursache einer Verwirrung ist, die die boshaften Anschläge des Barons in ihr hervorgebracht?

Geben sie sich ja alle Mühe sie ausfindig zu machen. Ich biete ihr meine Wohnung an. Hier soll sie vor allen Gefahren sicher seyn. Nicht Gesetze, nicht Bosheit sollen sie von meiner Seite trennen.

Bald

Bald hoffe ich beſſere Nachrichten von Ihnen zu erhalten, bald zu erfahren wo Ihre unglückliche Schweſter ſich aufhält daß ich ſie abholen und in meine Arme ſchlieſſen kann. Ich bin

Ihre

ergebne
Amalia M.

Zwölfter Brief.

den 3ten Sept.

Natalie an Madame M.

Zum zweytenmale wag ich es, Ihnen einen Boten zu ſchicken. Geht dieſer Brief verloren, ſo geb' ich alle Hofnung auf, jemals wieder ruhig zu ſeyn. O meine theure Madame, was iſt aus Ihrer unglücklichen Natalie geworden? Ein verachtetes — verworfnes, verlaufnes Mädgen. Wer wird dieſe wieder anſehen? Wer wird ſie aufnehmen wenn Sie nicht die Barmherzigkeit für ſie haben? — Zu Ihnen — zu Ihnen allein nehme ich

meine

meine Zuflucht. Sie kennen den alten Pachter meines Vaters, den redlichen Riedel. Bey ihm bin ich. Er hat jederzeit die größte Liebe für mich gehabt, und nahm mich mit offnen Armen auf. Hier sitze ich in einem kleinen Zimmer und hänge ungestört meinen traurigen Gedanken nach — hänge an den Gedanken der Vernichtung, wie an einer Klette, und kann mich nicht davon losreissen, so viel Mühe ich mir auch gebe — so viel Kräfte ich anwende.

"Was ist der Unglückliche daß er leben muß? Dies rufe ich oft aus, und sehe dabey den ganzen Abgrund meines Schicksals geöfnet, sehe mich in aller Fülle der Seelenunruhe — mein Herz klopft dann, bis in das äusserste Gefühl meines Körpers, Angst — und an allen Nerven nagt ein tödendes Gift.

So verweine ich Stunden, und dies ist mir Linderung wie Thau der verdorrten Erde. Wenn dann meine Angst wieder grösser wird so sehe ich auf zu dem Himmel dem meine

Unschuld bekannt ist, und seufze, und auch dieses giebt meinem Herzen Muth.

Waller liegt mir oft im Sinn. Er hat eine edle Seele und ist eines großen Glückes werth. Er ist zwar schuld an meiner Verstossung vom Baron — aber ist er nicht auch die Ursache daß ich endlich dem schändlichen Manne entgangen? Dank dir — zärtlichster Mann! daß du mein Herz rührtest! Dank daß du mich gerettet! Der Himmel lohne dir dafür. Ich fürchte täglich die Ankunft des Barons. Er hat meinen ersten Boten aufgefangen und nachdem er ihn jämmerlich zugerichtet, ihm die Briefe abgenommen die ich an Sie geschrieben. Wie sehr hat der arme Mensch mich gedauert — Ich gab ihm einen Dukaten — Aber kann dies ihm wohl die Schmerzen ersetzen die er um meinetwillen gelitten? Ich habe an meine Schwester geschrieben, daß sie suchen soll meine ersten Briefe vom Baron zu bekommen und Ihnen zuzuschicken. Wo nicht so erzähle ich Ihnen die Geschichte meines Elendes selbst.

Zwey

Zwey Vorschläge meine Beste, thue ich Ihnen — rathen Sie mir.

Entweder nehmen Sie mich zu sich, bis ich eine Gelegenheit sehe in ordentliche Dienste zu gehen, oder wenn Sie dieses nicht können, so will ich unter dem Namen eines Bauernmädgens auf einige Zeit, oder wenns dem Himmel gefällt, auch auf immer, durch Arbeit mir forthelfen. Meine Hände sind nicht zu schwach dazu und dieser Stand wird meinem Herzen Aufmunterung geben. Ich habe ihn von jeher geliebet. Er macht die Wirksamkeit unsers Lebens aus — Ohne ihn würden wir nur halb die Wohlthat unsers Daseyns fühlen. Warum sollte ich also diesen Stand nicht mit Freuden ergreifen, da er mir so viel Zufriedenheit verspricht — da er mich aus dem Zusammenhange mit einer Gattung Leute herausreißt, die nur dem Laster unter dem Namen der Freyheit fröhnen — und da er endlich am allerersten mich von dem Wege des Murrens gegen die Vorsehung zurückzieht, auf den ich wider meinen Willen hingerissen werde. Auf alle Fälle,

le, meine Beste, müssen sie mich besuchen — Entweder sie hohlen mich ab, oder Sie weyhen mich mit dem letzten freundschaftlichen Kusse zum Baurenmädgen ein. Dann will ich vergnügt meine Hacke zur Hand nehmen und mit jedem Morgenliede dem Schöpfer der Freude für das Glück danken, dem Laster entgangen zu seyn — Und mit jedem Abend meiner Freundin danken, daß sie mich dem Unsinn der Freydenkerey entriß. Dies wird ewig nicht vergessen.

Ihre
zärtliche Freundin
Natalie.

Dreyzehnter Brief.
den 4ten Sept.

Madame M. an Natalien.

Herzlichen Dank, liebe Natalie! für ihr Zutrauen! Dank für Ihre Freundschaft! Sollte die Besitzerin Ihres Herzens — Ihrer ganzen Geheimnisse Ihnen die Gefälligkeit ab:

abschlagen, Sie selbst abzuholen? Ach Nata:
lie! Thränen des Mitleidens habe ich für sie
geweint — Thränen der Freude werde ich
weinen, wenn ich Sie sehe. Morgen meine
Theure, will ich alle meine Geschäfte endigen,
um übermorgen abreisen zu können. Dann
will ich Sie, meine Beste — tugendhafte
Natalie umarmen. Vielen Dank an den
alten ehrlichen Riedel. Der Mann hat ein
vortrefliches Herz. Könige müssen ihn benei:
den — denn ihr Wohlthun ist nicht mit
dem warmen reinen Herzen verknüpft, das
aus den Augen unsers Alten stralet. Ihre
ersten Briefe, beste Natalie, wünsche ich recht
sehr zu lesen, wünsche die ganze Geschichte
Ihrer Leiden zu hören. Sie sind glücklich
dadurch, daß Sie froh sind den Händen Ih:
res Wiedersachers entgangen zu seyn.

Welche Freude machte mir Ihr Entschluß
auch im niedern Stande vergnügt zu seyn!
Sie sind zu großen Scenen geboren, weil Sie
die Kleinen auch ohne Stolz ergreifen
können.

Aber

Aber diesmahl sollen Sie es nicht thun. Das Haus Ihrer Freundin soll das Haus Ihrer Ruhe seyn. Da sollen Sie die Früchte Ihrer Entschliesung erndten. Sie werden — Sie sollen täglich die Proben meiner Freundschaft, meiner schwesterlichen Liebe sehen. Wenn wir denn einmahl im kleinen freundlichen Garten meines Hauses spatziren gehen, freye Luft athmen, und ein Vögelchor unsern Gesängen antwortet, die der heitre Morgen hervorlockt, dann werden Sie doch noch die Hütte segnen, die Sie beglückten. Die Wonne wird Ihnen zwiefach schön seyn, weil Sie einen ecklen Buhler verloren, und eine Freundin gewonnen haben.

Reine Freude, reine Wolluft ergreift mich bei dem Gedanken, Sie bei mir zu haben — Sie noch dereinst in aller Zufriedenheit zu sehen deren ein Mensch während seiner Wallfahrt fähig ist — Alle Gedanken von Murren und Vernichtung bey Ihnen erstorben und nur den Wunsch in Ihnen lebendig zu sehen:

Daß

Daß jedem Menschen so reine Freude werden möge, als Ihre Freundschaft verursachet

Ihrer

zärtlichen Freundin

Amalia M.

Vierzehnter Brief.
den 7ten Sept.

Carl an Waller.

Ich habe von dem Anfange Deiner Bekanntschaft, lieber Waller, immer Dein künftiges Schicksal für ein Gewebe von Unruhen gehalten, und meine Muthmassung hat mich nicht betrogen.

Das was Du mir von Natalien schreibst, hat meine Seele wirklich so in Bewegung gesetzt — daß — trennte uns nicht ein zu weiter Raum, ich zu Dir eilen, und selbst nachdrücklicher Dich bitten würde mit aller Vorsicht über Dich zu wachen.

Wahr ist es Waller, Deine Liebe ist von zu weniger Erfahrung, als daß Du ganz richtig

tig von dem Gegenstande derselben urtheilen könntest — Alles was Du mir schreibst zeigt von ihrer unglücklichen Lage. Mitleiden also — Rettung nicht weniger, verdient sie gewiß — Aber prüfe Dich Freund, ob alles was Du bey Dir empfindest, auch Liebe ist, ob nicht mehr Gefühl ihres Unglücks — eigne Empfindlichkeit Deines Herzens eine Flamme in Dir erwecket, die nach einem reifern Zeitpunkte wieder erlöschet.

Wir wissen uns in diesen Fällen zu helfen, Waller, und es ist nichts leichter, als einen Gegenstand zu verlassen, den man aufhört zu lieben. Es kömmt uns auch unschuldig genug vor, und kann es auch in der That seyn. Wir haben nie unrechtmäßige Absichten gehabt — nie dergleichen Vorschläge gethan, was hindert uns also zurückzugehen — Aber der Eindruck mein Lieber, den wir gemacht haben, der Saame der Unruhe, den wir in den Herzen solcher Frauenzimmer zurücklassen, sollte uns allemal eine Warnung seyn, nie unüberlegt zu Werke zu gehn. Sie sind empfindlicher als wir — Entweder sie nehmen unsre Bemühungen nicht

an,

an, oder wenn sie sie annehmen, so fühlen sie für uns, und dann ist es schon eines rechtschaffenen Mannes Pflicht, nie zurück zu gehen.

Verzeihe, lieber Waller, daß ich so rede. Es ist nicht die Sprache eines kalten Philosophen; Es ist die Sprache eines warmen Freundes.

Wenn Natalie Deinen Umgang suchet — wenn sie als ein tugendhaftes Mädgen, wie Du mir sie schilderst, — mit der Seele voll Unschuld und Reinigkeit in Dir Ruhe und Trost für kommende Gefahren suchet, so ist es ein Zeichen, daß Du ihr Herz gerühret, und nun ist es um sie geschehen, so bald Du zurückgehst. In dem Uebermaaße der Schmerzen über Deinen Verlust — über Deine Untreue klagt sie Dein ganzes Geschlecht an, und sie ist für die Welt verloren.

Ein Brief von Dir — ich breche also ab — ihn zu lesen. Ich habe gelesen — Freund! Dein Zustand geht mir nahe — ich erwartete keine solche Nachricht. Wafne Dich mit Standhaftigkeit — Nimm alle Kräfte zusammen ruhig zu werden — Wende alles an, Natalien

lien den Schaden zu ersetzen, den Du Ihr verursacht hast. Denn Schuld bist Du immer an ihrer Verstoßung. Jetzt hast Du schon eine schwere Pflicht auf Dir. Laß nichts unversucht den Baron Dir zu versöhnen — Aber wenn es möglich, so laß Natalien nicht wieder zu ihm gehen. Gieb mir bald Nachricht von dem Fortgange Deiner Bemühungen.

Dein erster Schritt hat Dich in ein Labyrinth von Bekümmernissen gebracht, hat Dein Herz angegriffen. Arbeite nun für Deine Ruhe. Dieser Zufall muß entscheidend für Dein künftiges Glück seyn. Ich rathe Dir nicht, Natalien sogleich Dein Herz zu entdecken, bis Du sie vorher geprüfet. Sie hat noch nichts von dem süßen dieses Lebens geschmeckt, noch nicht die glänzenden Reitze der Welt gesehen. Suche sie damit bekannt zu machen, denn die Veränderung unsers äussern Zustandes trägt oft viel zur Aenderung der Seele bey.

Mich siehst Du immer noch im gleichen Verhältnisse. Mein Onkel ist hartnäckig. Carolinens Vater hat nachgegeben — aber immer behält er noch seine alte geheimnißvolle
Miene,

Miene, so zärtlich vor seine Tochter, daß es kaum zu glauben ist, daß er Schwierigkeit machen könnte, ihr den Mann zu geben, den sie liebt. Und sie immer die liebvolle zufriedne Seele. Sie spricht sehr oft von Dir. Sie findet in deinem Gesichte so wichtige Züge, daß ich oft nicht weiß, wie ich es nehmen soll. Ich werde ihr Dein Schicksal mittheilen, und ihr Mitleiden wirst Du ganz haben, so wie das zärtlichste Gefühl

Deines
ewigen Freundes
Carl von Beck.

Funfzehnter Brief.
den 7ten Sept.

Madame M. an Waller.

Nun bedaure ich es, edler Mann, daß ich Sie beredet habe, mich nicht zu begleiten. Ich habe Natalien aufs neue verloren. Meine Abreise geschahe an dem bestimmten Tage, und ich kam glücklich in Nataliens Wohnung an.

Ich

Ich floh in ihre Arme — Eine halbe Stunde brachten wir zu ohne etwas zu reden, wenigstens nichts als abgebrochene Worte — Seufzer und Liebkosungen zu wechseln.

Kaum waren wir zu uns selbst gekommen, als des Barons, Ihres Herrn Onkel's Equipage erschien. Stellen Sie Sich unser staunendes Schrecken vor, als wir ihn selbst aus dem Wagen steigen sahen. Natalie wollte sich entfernen, allein ich bat sie da zu bleiben, und sich auf mich zu verlassen. Er lief wütend ins Zimmer und wollte auf Natalien zugehen, als ich vor sie trat. Verzeihen Sie, Herr Baron, sagte ich in einem etwas bittern Tone, dies Frauenzimmer ist in meinem Schutze —

Und in meinem Hause, brummte der alte Riedel zur Thür herein.

Alter Schurke, rief der Baron, ich will ihm zeigen, ob er mir meine Kinder vorenthalten soll.

Riedel. Und ich habe keinesweges nöthig, mir mein Haus stürmen zu lassen, und wer seine Kinder auf den Strassen verhungern läßt, ist nicht werth, daß er welche hat. Sollte ich

ich sie etwa vor meinem Hause crepiren lassen? Warum haben Sie sie heraus gestossen? Das thut kein guter Vater an seinen Kindern —

Der Baron hob seinen Stock auf — Riedel fuhr fort: In meinem Hause, Herr Baron, begegnen Sie mir nicht übel — Es wird Ihnen sonst gewiß gereuen. Wir haben Exempel von der Art.

Natalie trat bey meiner Seite vor.

Herr Baron, sagte sie mit einem gesetzten Tone, womit habe ich Ihre Verfolgung verdienet? Was wollen Sie noch von mir, nachdem Sie mich auf eine demüthigende Art von sich gehen heissen? Ich habe ihren Willen erfüllt, nun lassen Sie mich in meinem Unglück, weinen — lassen Sie mich trauren über das harte Loos, das mich trifft. Denn nun muß ich mich meiner Hände Arbeit nähren — Stöhren Sie mich nicht in dem Vorsatze, der besser ist, mehr Ruhe verleihet, als das glänzendste Schicksal in ihren Palläsren.

Baron. Was ich von Ihnen will? Fragen Sie noch? Habe ich Sie nicht zehn Jahre in meinem Hause gehabt? habe ich Sie nicht

nicht unterhalten? hat ihre Erziehung mir nicht Unkosten gemacht? rechnen Sie dieses alles für nichts? wollen Sie mir dieses ersezzen? können sie es? und wenn sie es können, ist es Dankbarkeit, daß sie jetzt mein Haus verlassen?

Natalie. Ich weiß alles, was Sie mir vorwerfen können, Herr Baron. Ich weiß, daß Ihre Absicht nicht war mich zu verstoßen, daß die geringste Bitte dieses abgewandt haben würde. Aber Sie sind nicht allein grausam mit mir umgegangen, sondern ihre unredliche Absichten auf mich, haben mich hauptsächlich zu dem Entschluß gebracht, lieber standhaft alles Elend zu ertragen, als ein Opfer ihrer verwünschten Freydenkerey zu werden.

Baron. Sagen Sie lieber, Waller hat Sie dahin gebracht — So bald ein junger Mann einem Mädchen ein freundlich Gesicht macht, so ist es ausser sich — es glaubt von niemanden mehr abzuhängen — es lauft mit ihm in die weite Welt — und Sie, Fräulein Natalie, sind nicht im Stande, einen Mann, wie Waller ist, glücklich zu machen — Glauben Sie

Sie, daß er Sie heyrathen wird, so irren Sie sehr.

Natalie. Wessen beschuldigen Sie mich? Ich habe Wallern, als einem Verwandten, einen Spatziergang nicht abschlagen mögen — und dieses heissen Sie mit ihm laufen, und was Sie sonst für schändliche Handlungen denken mögen! Gehen Sie, Herr Baron, lernen Sie erst die Wollust kennen, stolz auf seine Tugend zu seyn. Sie können in Ihrem Leben nie das süsse empfunden haben, womit die Rechtschaffenheit den belohnt, der ihren Fustapfen treu, nicht von ihrem Wege wanket.

Baron. Und Sie wollen mir Vorwürfe machen? meine Handlungen meistern? Armes Mädchen! Bist Du denn so gar verblendet, daß du glaubst, der Schutz dieser Geschöpfe werde Dir etwas helfen? hat Deine Mutter Dich mir nicht übergeben, um Vaterstelle bey Dir zu vertreten?

Natalie. Ja, Herr Baron. Aus diesem Gesichtspunkte übergab sie mich Ihnen — und was Sie als Vater für mich gethan, werde ich Ihnen verdanken, zeitlebens mit der Wärme kindlicher Liebe Ihnen verdanken. Allein Sie Herr Baron, haben mich noch aus einem andern Gesichtspunkte betrachtet, und aus diesem wurde nichts. Daher waren Sie nicht mehr Vater. Sie waren Tyrann — Sie wollten die Pflichten der Ehre und der Menschlichkeit an Ihrem eignen Blute verletzen?

Riedel. Das wollte er! wollte sich lebendig in die Hölle stürzen.

Natalie. Befahl Ihnen dieses meine Mutter? Oder bat sie Sie um diese Freundschaft für ihr Kind?

Riedel. Das that sie gewiß nicht — Sie war eine ehrliche — eine vortrefliche Mutter — Noch im Grabe würde sie Rache über sie rufen, wenn sie dies sähe.

Natalie. Sey stille, alter Freund, und Sie, Baron — hören Sie meinen Entschluß — meinen festen unabänderbaren Entschluß. Nie — nie, Baron, werde ich wieder Ihr Haus betreten — das Haus, wo meine Ehre geopfert werden sollte — das Haus, aus welchem Sie mich schimpflich verstiessen. Keinen Haß werde ich gegen Sie mitnehmen, sondern

Ehr-

Ehrfurcht gegen Sie, als Vater — und Liebe als Onkel, ob Sie mich gleich nie würdigten — Nichte zu nennen. Die Kosten meiner Erziehung will ich Ihnen ersetzen, so bald ich es im Stande bin. Mitleidigere Herzen, als das Ihrige, werden mir es leyhen, bis diese Hände es erworben haben. Und dann erst werde ich ruhig seyn, wann ich aller Verbindlichkeiten loß seyn werde, die ich gegen Sie habe. Vielleicht wird da meine kindliche Liebe noch das Geständniß bey Ihnen wirken, daß Sie mir Unrecht thaten.

Während dieser ganzen Rede stand der Baron stumm, verwirrt, aber auch wütend blickte er bald auf Natalien, bald auf mich, und verrieth innre Rachbegierde. Endlich zwang er sich zu einer gemäßigten Stimme und Miene, und sagte:

Natalie, ich sehe, Sie sind im Eifer. Sie haben in der That Unrecht — besinnen Sie sich. Glauben Sie nicht, daß die Widerspenstigkeit Ihnen hilft — Kehren Sie wieder zurück in mein Haus — Sehen Sie es als ihr eigenes an. Lassen Sie dies unsern Versöhnungsort seyn. Zwingen Sie mich nicht, Hülfe wider

E 3 Sie

Sie zu verlangen. Ich verspreche Ihnen, alle Aufmerksamkeit — alle Liebe wieder zu schenken, die sie ehemals hatten.

Natalie. Nein, Herr Baron — alle Ihre Versprechungen können mich nicht blenden. Ich kenne die Macht der Verführung zu sehr, als daß ich mich ihr aussetzen sollte. Alles was ich thun kann, ist, daß ich Sie um Verzeihung bitte, daß ich Ihnen Unruhe verursacht — daß ich Sie bitte, nicht länger in mich zu dringen — weil ich nicht kann, nicht will, weil Ehre, Tugend und Sittsamkeit mir verbieten Ihr Haus wieder zu betreten, weil ich in den Augen aller schon durch Ihnen ein verworfnes Geschöpf bin, und es noch mehr seyn würde, wenn ich zu Ihnen zurückkehrte — Einsamkeit und Dunkelheit müssen nun meine Lieblinge in dieser Welt seyn — diese will ich suchen.

Baron. Nun, wenn Sie denn nicht zurückkehren, nicht meine Versöhnung annehmen wollen — so hören Sie meinen zweyten Vorschlag. Gehen Sie zu Ihrer Freundin nach D°; bis Sie eine anständige Versorgung haben, will ich das Kostgeld für Sie bezahlen.

Das

Das ist unnöthig, Herr Baron, sagte ich. Mein Haus ist das Haus meiner Freundin, und mein Vermögen das ihrige.

Jedermann hätte diese Veränderung des Barons für aufrichtig angenommen, denn er wußte sich meisterlich zu verstellen. Ich trauete ihr doch nicht. Aber so nahe glaubte ich doch den Zeitpunkt seiner Bosheit nicht. Die Schlange kroch unter Blumen, und stach unversehens. Die Nacht war nahe, und es wurde beschlossen, daß wir mit anbrechendem Tage nach D** vom alten Riedel begleitet, abgehen, und der Baron in die Stadt zurück fahren sollte.

Den ganzen Abend brummte der alte Riedel noch immer vom Straßenraub, vom Betragen des Adels, und sagte dem Baron manche Wahrheit dreist genug unter die Augen.

Bey dem Abendessen war der Baron so aufgeräumt, und in seiner alten Laune, als wann nichts vorgefallen wäre. Riedel sah ihn immer von der Seite mit unzufriedner Miene an. Natalie sprach wenig, und was sie sagte, bestand in abgebrochnen Antworten. Sie seufzte wider ihren Willen oft laut. Der Baron unterließ nicht.

nicht, sie zu bedauern, und bezeigte sich überhaupt sehr gefällig gegen sie, welches sie in ausserordentliche Verlegenheit setzte. Unser Gespräch war nach seiner alten Art. Er prahlte stark von seiner Menschenliebe, Religion und deutlichen Einsichten in alle menschliche Kenntnisse. Wir hatten Mühe, das Lachen zurück zu halten, bis auf Natalien, die immer ernsthaft und traurig aussahe.

Der Baron hatte viel getrunken, redete nach Tische, noch mit seinem Kammerdiener heimlich, schickte seine Bedienten bis auf einen fort, den er bey sich behielt, und ließ sich dann von Riedeln sein Schlafzimmer anweisen. Riedel kam wieder zu uns, und versicherte uns, daß er die Nacht aufbleiben würde, und wir uns ruhig niederlegen könnten. Natalie war sehr niedergeschlagen, und ich glaubte auch krank, denn ihr Herz schlug sehr heftig. Wir sprachen noch über eine Stunde von ihren Zufällen, und der traurigen Lage, worinn sie sich befände.

Der Baron, sagte sie, wird mich gewiß weiter verfolgen. Sein heutiges Betragen ist Gift, süß zu locken und bitter zu verschlucken. Ich se-

he

he ihn mit der verstellten Heiligkeitsmiene in seiner wahren Gestalt. Der Vorhang ist zu bekannt, und verdeckt einen Wolf den man schon gesehen. Gott gebe mir Muth, wenn ich nur Sie behalte, und in Ihrem Hause bleiben darf, so ist mir alles gleich.

Sie gieng höchst beunruhigt zu Bette. Ich schlief bald ein. Beym Erwachen fand ich daß es noch früh war. Ich eilte in Nataliens Zimmer, zu sehen, ob sie noch schliefe. Schwindelnd schauderte ich von ihrem Bette zurück, denn ich fand sie nicht, aber alles fand ich in der größten Unordnung im Zimmer — alles Spuren einer gewaltsamen Entführung.

Ich lief in Riedels Zimmer. Diesen fand ich gebunden auf der Erde liegen. Der Mund war mit einem Schnupftuche verstopft, und wegen Mangel des Athems, war das ganze Gesicht blau aufgelaufen. Ich hielt ihn für todt. Ich weckte schnell einige seiner Leute, und nach und nach brachten wir ihn mit vieler Mühe zurecht. Als er ein wenig zu sich selbst kam, schlug er die Augen gen Himmel auf, und sagte:

Gott Lob, liebe Madame, daß Sie noch da sind.

sind. Sie haben mir das Leben gerettet — hätte ich das vorhersehen können, ich würde ihm nicht mein Dach zur Herberge gegeben haben.

Zwölf Uhr sey der Baron, den er schon einige Zeit leise auf und nieder gehen hören, plötzlich auf seine Thür zugeeilet, habe sie mit einem Stoß aufgesprenget, und mit seinem Bedienten ihn sogleich zur Erde geworfen, und den Mund verstopft, gebunden, und nachdem der Baron ihm noch einen heftigen Tritt in Rücken gegeben, davon gegangen. Beyde wären darauf in Nataliens Zimmer geeilet, welche einen lauten Schrey gethan, und dies sey das einzige was er gehöret, ausser wie sie die Treppe hinunter gegangen, habe der Baron schwer getreten, als ob er etwas trüge.

Alle Sorge war nun vergebens. Ich war ganz ausser mir, weil ich keinen Weg sahe, Natalien aus seinen Klauen zu retten. Riedel schickte indessen sechs Mann zu Pferde hinaus, die aber noch nicht zurück sind. Sie haben Befehl, alle die Streifwege in dieser Gegend durchzusuchen. Ich werde hier bleiben, bis sie zurück kommen.

Halten

Halten Sie sich um des Himmels willen ruhig — unternehmen Sie nichts wider den Baron. Ich werde alle Mühe anwenden, aufs neue etwas von Natalien zu erfahren. Mein Herz leidet so viel bey ihrem Verlust, als das Ihrige. Müssen den Mann nicht die Thränen brennen, die wir über unsre Freundin weinen? Müssen ihre eigne Thränen ihm nicht Hölle werden?

Arme Natalie! was wirst du jetzt machen? Aller Trost ist dir entrissen. Niemand schützt dich für der boshaften Zunge — für den frevelnden Händen des Räubers. Ach Freund, ich kann meinem Herzen keine Luft machen — Es ist ein Druck, der sich nicht heben läßt, sie wieder in den Händen des Barons zu wissen, allen seinen Ränken ausgesetzt — seiner Bosheit ein Gegenstand — Könnte Ihnen doch bald bessere Nachrichten geben

Ihre

ergebne

Amalia M.

Sechzehnter Brief.
den 12ten Sept.

Waller an Carl.

Endlich hatte ich das Glück, Nachrichten von Natalien zu bekommen — Aber was haben sie mir geholfen. Ich bin wieder wie vorher ein Spiel der Unruhe und des Kummers. Ich glaubte schon im Besitz aller ihrer Vollkommenheiten zu seyn — aller Sorgen überhoben an ihrer Seite gedrängt, ihr Unglück so ganz einzunehmen — und dann — so ganz von ihr wegzuscheuchen. Aber alle süsse Träume sind dahin — verschwunden in das so gewöhnliche Nichts unsrer planvollen Vorsätze.

Wie kann doch der Mensch bey dem kleinsten Funken den er in der Ferne sieht, eines milden Lichts sich freuen, das ihm den Weg zeigen soll. Er sieht, hofft, glaubt, geht durch Wüsten und ungebahnte Wege es zu erreichen — und endlich schwindets vor seinen Augen in Nichts — und war ein Irrlicht — ein Dunst — ein Hofnung verderbender Glanz.

So freut sich der Ermüdete in Lybiens sandigten Wüsten am Rande eines Hügels
ei=

einen Stein zur Ruheſtätte zu finden. Der
lockere Boden giebt nach und beraubt ihn ſeiner Freude mit Gefahr ſeines Lebens.

Ich habe eine neue Freundin erhalten.
Wäre ich aufgelegt ich wollte dir ſie ſchildern
— ein gutes Weib — mit der milden Gelaſſenheit begabt die ein Frauenzimmer ſo ſchätzbar
macht — einen reifen Verſtand — eine richtige Beurtheilung — eine ſtrenge Tugend
ohne affektirte Ziererey mit einer Lebhaftigkeit verbunden die jeden reitzt. Ich lernte
ſie als Nataliens Freundin kennen — Auch
ſie hat mich ſüſſe Augenblicke durchträumen laſſen — Sie wollte Natalien zu ſich nehmen
— und da ſchmeichelte ſie mir mit ihrem fort-
geſetzten Umgange. Ich wollte ſie begleiten
um Natalien abzuhohlen. Wichtige Gründe
die ſie vorbrachte verhinderten es — denn
der Ausgang ſo traurig er auch iſt, würde gewiß noch trauriger geweſen ſeyn, wenn ich da
geweſen wäre — Ich ſchicke dir alle Briefe
mit um ſelbſt den Vorfall zu leſen. Der
herrliche Brief den ſie nach ihrer Flucht ge-
ſchrieben und der durch John mir in die Hände

de gekommen, wird Dir den Beweiß davon geben, daß sie ein Engel ist.

Ich habe den Kerl zu mir in Dienste genommen; es scheint eine ehrliche Haut zu seyn. Mein Onkel hat ihn zu schändlichen Handlungen gebraucht, die er nun verabscheut.

Deinen Brief habe ich erhalten, und Deine Vorschläge gelesen — Aber was sollen sie mir jetzt — Ja wenn ich ihrer mächtig wäre? Wenn ich dem Engel meine ganze Lebenszeit opfern könnte? Ewiger Gott! Behalte mir sie die meinen Trost mein Glück ausmacht! Wärst Du hier Carl — könntest Du sie sehen — Der Anblick von ihr würde in Dir den Argwohn ersticken, daß meine Liebe flüchtig sey — Mein Carl — So viele Vollkommenheiten in einem Begriff können Fesseln anlegen die nie zerbrechen — Ich habe sie gewiß — Kein Gedanke steigt bei mir auf der nicht mit ihr verknüpft ist. Diese ganze Zeit ist mir ein Taumel gewesen. Gehe ich hinaus aufs Feld, wie denn das mein gewöhnlicher Spaziergang ist, und sehe die Schönheiten der Natur — sehe so ganz den Schöpfer darin — der alles liebreich

reich für den Menschen dahin schuf — so ist es in meiner Seele öde — wenn ich mir nicht ihr Bild dazu denke — und denke ich mir dieses, sehe ich sie so zwischen allem den Putz der simplen Natur, als die Königin dieser Schöpfung stehen (denn lebhaft genug ist es, wenn es schon nur Bild ist) — so ist meine Seele wie in einem Traum — so wiegen sich meine Gedanken so ganz über den Menschen hinaus. Ich bin in einer schwindelnden Höhe wo nichts als Freude und Wonne über mir und um mich ist — nichts als Entzückung in meinen Adern fliesset. Nun, wenn ich auf der höchsten Stufe zu seyn glaube, so schwindet ihr Bild — und ich stürze wieder zurück in die tiefste Schwermuth — falle — und denke nimmer aufzustehen. Dann schleiche ich halb verwirrt in meine Wohnung — mit einem durch die heftigste Anstrengung der Nerven ermatteten Körper — fühle ganz wieder daß ich ein Mensch bin — und verliere mich in mir selbst. Und das wird nun so lang fortdauren bis ich sie wieder sehen, in ihren Schönheiten mich verlieren, und zu mir selbst kommen kann. Dich

Dich bedaure ich recht von Herzen, lieber Carl — Du hast Deine gehäufte Leiden, aber Du hast auch Muth sie zu tragen, und der fehlt mir.

Du bist ein ganzer Sonderling von Menschen. Oft habe ich Dich gesehen — in den strengsten Verfolgungen des Schicksaals — in Aussichten die Dich auf ewig von allem zu trennen schienen, was Du wünschtest — in Fällen worinn ich, und jeder andre ein bisgen gährende Mensch gestampft — und für Unwillen gezittert hätte — ruhig habe ich Dich da gesehen, in einem Buche lesen, und wenn ich denn voll innren Unmuths über Dein Geschick zu Dir trat, und frug: Wie kannst Du das, Freund? so lächeltest Du Vergnügen über meine Theilnehmung mir entgegen, und sagtest nichts als: Guter Waller! es wird besser werden.

Aber aufrichtig Freund muß ich Dir sagen: Es wundert mich nicht so sehr — denn Du must's innerlich fühlen, daß es besser werden wird — und mit denen die so denken, wirds auch besser — und das ist Ahndung.

Aber

Aber so wie ich bin — ich fühl es gar nicht, daß es besser werden wird. Mein Herz sagt mir auch, daß es schlimmer werden wird — daß mich mehr Leid treffen wird, als mich bisher getroffen — und das, Freund, tritt du immer mit allen deinen Philosophen auf, und läugne alles vor den Schnur weg, was du nicht daher demonstriren kannst — das ist auch Ahndung. — Die Zeit wird dirs lehren, daß es schlimm, recht schlimm mit mir seyn wird — daß ich noch lange, wo nicht ewig, nach meiner theuren unvergeßlichen Natalie schmachten werde — kurz, daß ich einer von denen bin, die dem Unglück gerade im Weg laufen, wenn sie's vermeiden wollen.

Wenn mir denn auch nichts zu gute gehen soll, so gehe dirs doch wohl. Das ist der Herzens Wunsch

Deines

Freundes
Waller.

Siebenzehnter Brief.

den 9ten Sept.

John an Waller.

Gnädiger Herr!

Da ich nicht die Ehre haben thue, Sie zu kennen, so muß ich Sie doch ein Paquet überschikken, was mir die Madame M. an Sie hat geben gethan. Ich glaube, es sind Briefe darinn, aber das thut mich nichts angehen. Also noch muß ich Ihnen sagen, daß Madame auch mir gesagt hat viel Complimente an Sie, und sie würde auch selbst wieder haben schreiben gethan, aber ich mußte gleich wieder fort.

Nun hab ich hieraus den Schluß gemacht, daß Sie die Frölen Natalien sehr lieb haben, und halte es also vor meine Schuldigkeit, wie jeder Diener auch gegen den fremden Herrn thun soll, Ihnen Bericht zu thun, was ich davon weiß, nämlich: daß mir der andre Diener des Barons hat gesagt; daß der Baron böse gewaltig sey, daß ihm Natalie Frölen davon gelaufen wäre aus der Kutsche, wie er hätte schlafen gethan, und der andere Diener hätte davor

Schläge

Schläge gekriegt, daß er auch geschlafen. Nun thuts wunderlich aussehen, daß der Baron seine Leute schlagen lassen thut um dessentwillen, was er doch selbst thut, und wir müssen doch auch schlafen — ohn' das können wir ja nicht leben. Aber so ist der Baron ein Mann, der mit niemanden billig handeln thut, das ist gewiß nicht verläumdet.

Daß ich aber wieder auf die Sache komme, so hat der Baron suchen lassen thun lange, aber da ist keine Frölen Natalie mehr zu finden gewesen. Weg war weg — und er hatte das Hinterdreinsehen umsonst, und das war ihm auch recht, und jedermann gönnt's ihm recht herzlich, daß er angeführt ist — denn kein Mensch ist ihm gut. Aber nun brummt er sehr gewaltig darüber — der Friedrich sagte: Wie der große Bär, den er vor'n Jahre gefangen, als er angeschossen war, und mir hat er sagen lassen — Er wollt mir den Abschied auf'n Buckel geben, und wenn ich mutsen thät, wollt' er mir lassen ganz und gar zur Frikassee machen, deß man entsetzlich lachen muß. Aber man sieht doch wie ers machen thut, denn den Lohn hat er mir auch behalten.

Nun

Nun bin ich ein blutarmer Teufel, habe nichts als den Verdienst vom Dienen, bin ohne Herrschaft und möcht' gern einen guten Herrn haben. Da hab' ich nun Sie, gnädiger Herr, einigemal bey dem Herrn Baron sehen gethan, habe gesehn, daß Sie sind ein liebreicher Herr, und mögte gerne bey Sie dienen, und lieber als bey jeden andern Herrn — und treu und redlich wie ich gewohnt bin.

Das können Sie auch bey dem Herrn Baron erfahren, denn er kann und wird nichts Lügen nachreden thun, sintemal ich ihm treu gedient habe, nach aller Pflicht eines Dieners, und hab mehr gethan, als ich nach meinem Gewissen sollte thun, welches auch nicht zu verlangen steht von einem feinen Herrn. Brauchen Sie also jemand, gnädiger Herr, so thun Sie mich nehmen, denn ich meiner Redlichkeit ein Bürge bin.

Und ich Sie von Herzen versichern thue, daß ich wollte auch lassen mein Blut für meinem Herrn. So der Baron anders spricht, thut er es nicht sagen wie's einem feinen Cavalier ansteht.

Nach

Nach dem alten Sprichwort thut zwar das
eigne Lob nicht gut riechen — aber wenn Sie
den treuesten Diener haben wollen, so mögten
Sie immer keinen andern nehmen thun als
Ihren

unterthänigen Knecht
John

Achtzehnter Brief.

den 11ten Sept.

Natalie an Madame M.

Meine Theure!

Aus einer Steinhöhle, wohin die verfolgte
Taube, von ihrem Räuber verscheucht, sich ret-
tete — aus einem Zufluchtsorte für Unschuld
und Elend schreibe ich diesen Brief. Meine
Hand zittert wie die junge Birke im Sturm,
mein Herz schlägt wie die brausende Welle vom
mächtigern Schiffe zerschnitten — Zärtliche
— geliebte Madame! meine Feder ist nicht im
Stande, Ihnen das auszudrücken, was mein
Herz fühlt. Freude, Zufriedenheit, Hoffnung;

Furcht,

Furcht, Angſt, Mißtrauen; alles dieſes wechſelt bey mir, und keins will, keins kann ſiegen. So lange mir noch die donnernde Stimme des Böſewichts in den Ohren gellet — bin ich — werde ich keines Gedankens der Ruhe fähig.

Gleich den Abend, nachdem ich mit Wallern von jenem Spatziergange zurückgekommen, deſſen Minuten ich nie — nie vergeſſen werde; wovon der Eindruck in meinem Herzen ſo tief verſchloſſen liegt — daß nicht Zeit, nicht Elend, nicht Glanz ihn herausreiſſen wird — kam der Baron von ſeiner Reiſe zurück. Sorgfältig hatten die Schlangen, die mich bewachen, ihn von dem unterrichtet, was unterdeſſen vorgegangen — hatten ihn vermuthlich die Erzählung mit ſo vielen Anſpielungen und Zuſätzen beygebracht, daß ſeine Galle ganz übergegangen war. Er ließ mich rufen. Wie ich dabey gezittert — wie mein Herz geklopft — wie meine Seele geſtimmt geweſen — das können Sie, Beſte, ſich denken — denken, daß der Anblick verſchlingender Wellen nicht ſo Grauſen erwecken kann, als ſein Anblick.

Aber

Aber meine Entschliessung war fest — der Muth war in mir gestiegen — bis' auf eine übrige Höhe war er gewachsen, ihm alle Anschläge zu vernichten, die seine Bosheit wider mich ausgesonnen.

Wie kann der Mensch klagen? Klagen — daß er zu schwach sey — wenn in Stunden des Drangsals ungesehene Arme ihn stützen, unerwartete Grösse seinen Muth empor hebt.

Er empfieng mich mit einer Hoheit, die michs empfinden lassen sollte, wie tief, wie schlecht er mich achtete.

Fräulein! Es scheint sie sind es überdrüßig, von mir abzuhängen.

Ich. Wie könnte ich das? Ich habe Ihnen so viele Wohlthaten zu danken.

Ganz meine Liebe, war das nicht nach meinem Herzen gesprochen, ob ich gleich wider die Unterwürfigkeit nichts einzuwenden hätte, wenn er meiner Unschuld nicht Netze zu stellen gesucht.

Baron. Sie sind mit Waller spazieren gegangen ohne meine Erlaubniß zu haben.

Ich. Ein unschuldiges Vergnügen!

F 4 Mit

Mit welcher Art sollte ich es abschlagen? Sagen — Sie hätten es verboten — Dies würde den Verdacht wider sie rege gemacht haben — und Herr Baron! — ein Frauenzimmer einzusperren —

Baron. Ha Fräulein! Sie sorgen für meine Ehre — Aber nicht für meine Befriedigung — Zwey Wege mein Fräulein haben Sie zu wählen — Entweder Sie thun meinen Willen — oder entschliessen sie sich nicht dazu — so meiden Sie mein Haus augenblicklich —

Ich. Wenn Sie — Herr Baron — nicht wollen, so werde ich Herrn von Waller nie wieder sehen — Aber mit Ihren Zumuthungen verschonen Sie mich.

Baron. Eitles — thörigtes Mädchen! Denkst du mich zu hintergehen? Glaubst du, daß ich vor dir seufzen, mich demüthigen soll, deine Gegenliebe zu erhalten? Du irrest — Du weißt meine Absichten — Erfülle sie, oder meide mein Haus — Ich soll dir gewiß zu Deinen Liebeshändeln behülflich seyn. Höre Natalie, bedenke dein Wohl — Du hast

haſt die glänzendſten Ausſichten durch meine Liebe zu hoffen.

Ich. Sie ſind nicht ſo glänzend als das Bewußtſeyn meiner Tugend. Ihr untreu zu werden iſt mehr als Mord — laſſen Sie mich immer ihr Haus verlaſſen — Ihr Haus, welches ſchon Ströme meiner Thränen verſchlungen. Das Haus welches das Unglück meiner Schweſter war — ihre Ruhe auf ewig ſtörte — und nun auch der meinigen gefährlich werden ſollte. Hätten ſie uns ruhig in der armſeligen Hütte meiner armen aber tugendhaften — mir ewig — ewig unvergeßlichen Mutter gelaſſen; wir wären glücklich, arm aber zufrieden — niedrig aber ruhig. Behalten Sie allen Glanz Ihrer Hoheit, ich will keinen Antheil daran nehmen. Dieſe Reitze ſind zu ſehr in laſterhaften Netzen verwickelt, als daß man ſie genieſſen, und zugleich jenem entgehen könnte.

Baron. Meinſt du Unverſchämte? Dieſe Minute verlaß mein Haus. Daß Du Deine Schweſter erwehneſt, ſie, die du wider mich ſchon lange aufzubringen geſucht, bringt

Dir den Ruin. Geh! Du unwürdige Schlange die mein Busen genähret — daß sie ihn stechen mögte — Gehst du noch nicht? Soll ich noch mehr Gift aus dir saugen um Dirs zurück zu geben, und dich ganz — ganz damit zu erniebrigen.

Ich stand wie versteinert. — Mein Muth war weg. Ich weinte sehr, und konnte kaum ihn bitten, das Schreckliche mich nicht fühlen zu lassen — In diesem Augenblick empfund ich alles, was eine Verstoßne fühlen kann. Alle Ausflüchte waren meinen Augen so verborgen, daß ich nichts dachte als zu verschmachten sey mein Loos, nicht dachte, daß die Vorsehung jeden Winkel — jede Ecke dieser Welt für Unglückliche, so wie für Glückliche gebauet — ihren Gram dahin zu verbergen, und ihre Ruhe zu finden. Tief lag ich im Schlummer unglücklicher Gedanken versenkt und war im Begriff auf den Knieen ihn zu bitten mich so lange zu verschonen, bis ich einen Zufluchtsort mir ausgemacht, als aller Muth, den gewiß die freundliche Natur

in

in mich gelegt, durch die schrecklichen Worte des Unmenschen erwachte.

Nichtswerthe sagte er, wenn du nicht augenblicklich alle deine Thorheiten widerrufst — nicht gleich feyerlich versprichst, meinem Willen zu folgen, so will ich dich zu klein halten, meinen Muth an dir zu kühlen — meiner Rache ganz ihren Lauf lassen. Meinen Bedienten will ich dich übergeben, deren Opfer du werden, und dann ewig deine Widerspenstigkeit beweinen kannst.

Feuerten meine Augen jetzt nicht, so thaten sie es nie. Wütend wurde ich fast, und mit der bittersten — verachtesten Stimme, die die beleidigte Unschuld hervorzubringen im Stande ist, erwiederte ich: Nein, das sollen Sie nicht — in Ewigkeit nicht, nie soll meine Ehre ihr Opfer werden — Schaam sollte Röthe über Ihr Gesicht verbreiten, wie der Unwille das Meine glühet.

Er lief auf mich zu, und schlug mich zweymal mit Heftigkeit ins Gesicht. Mein Auge feuerte, und bey nahe wäre ich niedergefallen.

Thun sie das lieber sagte ich —

Baron.

Baron. Gleich gehen sie oder meine Drohungen —

Dies schreckte mich — Ich drehte mich um und er stieß mich noch einmal in Rücken — Ich floh aus dem Hause. Ich war ausser mir — Weinend gieng ich durch einige Straßen ohne zu wissen was ich fühlte — Es war als ob die ganze Welt hoch — hoch über mir stünde — als ob ich alleine unten im Abgrunde irrte. Ich taumelte wircklich."

Aber das Mitleiden, welches ich von jedem zu verdienen glaubte, machte mir Muth, und setzte mich höher über weg, als ich es selbst wünschte.

Indessen wußte ich nicht wohin ich mich wenden sollte. Sie fielen mir nicht ein, und überdem wäre der Weg auch zu entfernt gewesen, und war mir unbekannt. Nichts auf der Welt wäre mir angenehmer gewesen, o Freundin! zu meiner Schande muß ich es bekennen, daß ich Ihre weise Lehren vergaß — als ein Wasser, das mich aufgenommen — oder ein Feuer in das ich mich hätte stürzen können. Ich gieng immer fort, ohne zu wissen

fen wohin, als auf einmal John vor mir stand. Ich that einen lauten Schrey welches viele Zuschauer herbey zog. Stille! sagte er, ich komme Sie zu retten. Der Baron hat mir befohlen, Sie zurückzubringen. Aber ich kenne seine hübsche Absichten. Sein Wille ist Sie zu martern bis sie sich ihm unterwerfen. Ich verabscheue seine Bosheit. Ich will Sie in Sicherheit bringen, und zu dem alten Riebel führen. Ich gehe nicht wieder zum Baron zurück. Seine Dienste haben mich zum bösen Menschen gemacht.

Ich sahe ihm ins Gesicht, und Redlichkeit las ich darauf. Ich folgte ihm getrost. Er gieng über die Hälfte mit mir. Nun wußte ich den Weg, und ließ ihn zurückgehen. Ich hatte einige Dukaten bey mir. Ich bot ihm einen davon an. Allein er schlug ihn aus, und eilte von mir.

Gehen Sie nur gerade aus sagte er. Sie können nicht mehr fehlen, Gott begleite Sie!

Da ich allein war wurde ich ruhiger. Ich setzte mich von Angst, Weinen und Gehen ermüdet

det nieder — und nie, nie sagte ich — will ich das Haus wieder betreten. Sehe ich doch alles um mich viel schöner viel lebender, seitdem ich der Falle entronnen die er mir gelegt.

Ich gieng zitternd weiter, denn meine Kräfte waren besonders durch den heftigen Eindruck den die Drohungen des bösen Mannes auf mein Gemüth gemacht hatten, gänzlich erschöpft. Es war schon dämmerig wie ich vor Riedels Haus kam.

Die guten Leute kannten mich gleich, empfiengen mich mit ofnen Armen, und ländlicher Unschuld, und weinten bey meiner traurigen Erzählung Thränen der Empfindung über mich. Liebe Freundin! Auſſer den Ihrigen die ersten mitleidigen Thränen die ich sehe — die ersten — Nein — es wäre unbillig sie zu vergessen — Wallern rollten auch Thränen des Mitleids über seine Wangen, und diese meine Beste, fielen auf mein Herz — die Wunde die sie brannten schmerzt noch und ich fürchte sie wird ewig schmerzen.

Ich bin bey dem guten Alten am besten aufgehoben. Aber nicht sicher — Ihren

Bey=

Beystand, meine Liebe, sehne ich mich zu erhalten — Sagen Sie meinem Schicksaale Entscheidung — sagen Sie ob ich bey Ihnen leben kann. Unter Ihren Schutze — Ihrer freundschaftlichen Theilnehmung — Glückliches Leben! Das was meine Hände können, will ich Ihnen arbeiten. Keine Last — keine Beschwerlichkeit soll mich abhalten.

Was meinen Sie meine Liebe? Soll ich Wallern etwas melden? Soll ich ihm — aber die unnützen Fragen. Was hat der Mann nöthig mein Unglück zu wissen? Um sich zu kränken?

Vielleicht könnte er denken ich suchte seinen Schutz. Ich verlangte, daß er seinen Onkel hassen — mich unterstützen — sich meiner annehmen sollte?

Aber ich kenne ihn. Ich weis gewiß er nimmt vielen Antheil an meinem Schicksal — Er wird mich bedauert haben — wird gewünscht haben mir helfen zu können, wie er es erfahren. Und da muß er es wissen. Ich will nicht in seinen Augen unempfindlich scheinen

nen — da er so viel an meinen Empfindungen Theil nahm.

Suchen Sie also eine Gelegenheit meine Theure es ihm zu melden. Verbergen Sie aber meinen Auffenthalt, Ich will nicht, daß eine Person die von der Welt vergessen — wenigstens bald es seyn wird, sein Herz nur einen Augenblick beunruhige —

Nicht als ob ich stolz auf ihn wäre — ihn für meine Eroberung hielte — nein! weil er ein Freund meines Herzens, ein Bemitleidender meines Unglücks war — und darum ist er ein edler Mann.

Ich schicke diesen Brief mit einem Expressen: Ich wünsche daß er richtig ankomme. O meine Liebe! — könnte ich den Trost haben, Sie bey mir zu sehen — daß ich mich in Ihre freundschaftliche Seele drängen — Stimmung darin lesen — und meinen Entschluß darnach fassen könnte. Ihr Rath — der Rath ihres fühlenden Herzens würde am angenehmsten, würde der beste Trost seyn für

Ihre

Freundin Natalie.

Neun-

Neunzehnter Brief.
den 12ten Sept.
Baron R* an Baron L*

Sie ist fort — zum zweytenmahle fort — und ich der Affe ihres Spiels — Das verdammte Mädchen! Konnte ich sie nicht so leicht vergessen — als ich ihrer viele verachtet — Ich hasse sie auch schon wohl recht von Herzen. Aber ihr Wille muß gebrochen — ihr Trotz bestraft — der Stolz auf ihre Tugend gedemüthiget werden — Baron! Ich muß Sie haben und wenn alle Pfaffen der Welt sie als das Exempel ihrer weisen Lehren umzingelt hätten, und für meinen Ueberfall bewachten. Ich wünschte, daß die M. crepirt wäre, ehe sie mein Haus gesehen hätte. Diese tugendvolle Dame hat meine ganze Wirthschaft ruinirt. Auch die Aelteste ist toll, und ich werde mich wohl genöthiget sehen meinen ganzen Hausrath abzuschaffen, und mir einen neuen zuzulegen. Nur schade — Verwandte hab ich nicht mehr, die arm sind, und Freunde kosten gleich so wettermäßig viel.

———— B. ————   Der

Der John ist auch fort — Da hab ich nun den besten Spürhund unter der Sonne verloren — und der ist auch hübsch fromm und heilig geworden. Kurz, jetzt ist nichts um mich, was nicht weint, heult, schreit und bettelt, Natalien wieder beyzuschaffen. Mein Sohn ist 10 Jahr alt, und ist ganz auf das Mädchen erpicht. Brüdergen, der macht mir auch manche Sorge. Aber, wenn er nur erst einige Jahre älter ist, so will ich ihm eine Maitresse zulegen. Das giebt beßre Erziehung als alles übrige.

Was würd'st Du thun, Bruder! wenn Du so eine Kröte im Hause hättest, die sich bey allen einzuschmeicheln suchte, und wenn Du freundt ihr sprächest, Dir den Rücken zudrehte.

Seitdem ich sie zum Henker gejagt habe, geht mir nun alles schief. Letzthin spürt ich sie doch beym Riedel auf. Den ich davor tapfer gezaußt, daß er sie aufgenommen. Er hat mich verklagt — aber er kriegt kein Recht — Das vor steh ich ihm.

Warum ich dir aber eigentlich schreibe Bruder — das wird dir verflucht lächeln — Indeß

deſſen geſchehn iſts. Wie ich vom alten Rieſ=
del wegfuhr — da ließ ich freylich im Wagen,
nichts unverſucht, ſie zu meinem Willen zu be=
wegen. Das Mädchen hatte aber Stärke
wie'n Löwe. Und ich Wein getrunken, alſo
ſchlief ich ein. Meine Leute auch, den,s war
Nacht. Unterdeſſen macht's Blitzmädchen
die Thür auf, ſpringt heraus und geht davon.
Die Pferde ſind den Weg gewohnt, gehen
immer nach Hauſe und gerade mit uns ins
Wagenhaus, das offen ſtand. Erſt den Mor=
gen wacht ich auf und ſahe den Spektakel.
Donner! was hab ich gewettert — geflucht
— geprügelt —

Wenn nun die Hexe etwa in dein Gebiet
gelaufen, denn's war auf'm Trautbacher Wege,
ſo gieb ſie mir wieder heraus, davor haſt du's
ausleſen, entweder meinen beſten Jagdhund,
oder ein hübſch Reitpferd — oder Brüdergen
— ein koſtbares Mädchen hab ich und wer
weiß, was ich thue, wenn du mir Natalien
wieder ſchaffſt.

Wallern will ichs ſchon einſchenken — der
ſoll an mich denken. Kömmt da der junge

laffe sans façon ins Haus — mir die Spaar-
bissen vorm Maule wegzuschnappen Wart!
— Herrchen! so geschwind solls nicht gehen.
Ich will dir den Braten besorgen.

Morgen will ich auf die Spur. Komm doch
ins kleine Gehege beym Walde, da will ich
dich erwarten. Wenn ich sie wieder kriege —
will ich ihr noch einen Vorschlag thun —
und wegert sie sich da — so mag sie zum Teufel gehen — aber gewiß nicht ungeschoren.

Ich geb ihr 500 Thl. jährl. so lange sie lebt,
und länger als 4 Wochen soll sie mir nicht dienen.
Länger mag ich keine — das weist Du — und
bey dieser ist mirs so um nichts als meinen
Willen zu thun.

Leb wohl Brüderchen bis morgen — da
sprechen wir uns gewiß. Versäume nicht Dich
gleich zu erkundigen.
                    Dein treuer Bruder
                       Baron K*

Zwanzigster Brief.
                     den 14ten Sept.
Carl an Waller.

Nun lieber Waller! geht Deine Prüfungs-
zeit an. Früh bist Du der Bahn des Unglücks

zugeeilet, aber Wonne wird Dirs auch seyn, als ein Held darauf fortzuwandern. Die Briefe Deiner Natalie sind vortreflich. Sie zeugen von einem Charakter, der ein altes festes Gebäude von Standhaftigkeit zum Wanken bringen könnte. Gewiß Waller! ich kann dir nichts — nichts zur Last legen: Du hast alle Gerechtigkeit für Dich — alle Deine Wärme gereicht Dir zur Ehre — und was Du für Natalien thust, thust Du für Dich selbst.

Aber — theurer! lieber Freund! Sey vorsichtig. Nicht aufbrausende Hitze muß Dich für sie einnehmen — muß Dich für sie Thorheiten begehen lassen. Wenn erst das Wallen in uns ist, und unsre Gedanken in uns so herum treibt, daß wir nich hier — nicht da eine schliessende Fassung zuwege bringen — nicht unsre Begierden — in diesen Falle ein Gemische von Rache, Ehrsucht und Verlangen — zu mäßigen im Stande sind — so setzen wir uns gemeiniglich durch uns selbst in eine Hitze die schnurgerade unsern Absichten zuwider ist und unser Unglück befördert.

Ich würde mit Niemanden so reden, wie mit Dir. Aber Du bist auch der einzige, dem

ich

ich gerne — den ich mit dem Verluste eines Theils von meinem Glücke gern glücklich wissen wollte. Bey Dir Waller! bey Dir würde ich das zu seyn suchen — was mir ehedem Caroline war — ach! ihrer freundschaftlichen — ihrer liebevollen Theilnehmung von allen, was mich betraf, hab ich es zu verdanken, daß ich mit einem heiterern Auge über alles wegsehe, was Unglück heißt — als andere; daß ich weniger empfindlich bin, als jene Unzufriedenen, die in jeder aufsteigenden Wolke, einen Platzregen — in jeden widrigen Lüftgen einen Sturm voraus sehen — die sogar mit ihren Glücke uneins, in denselben Flecken, gewahr werden, die ihr vergrössertes Maas der Trübseligkeiten zu wachsenden Finsternissen des äussersten Verderbens ganz zuversichtlich hinaus dehnet.

Ich muß dir auch etwas von dem Fortgange meiner Sachen berichten.

Gestern habe ich ein ernstliches Gespräch mit meinem Onkel wegen meiner Heyrath gehabt — Ich habe noch einmahl versucht ihn zu erweichen — Aber er ist unerbittlich. Die
Vor-

Vorurtheile sind so tief eingewurzelt, durch die Länge der Zeit so verknotet, daß sie herauszureissen unmöglich ist, und ich bin überzeugt, daß er lieber seinem größten Vergnügen entsagen, als etwas von den Vorzügen seines Adels vergeben würde.

Wir sind niemals gegen einander heftig. Er sagt mir mit der größten Gelassenheit, daß er nie darein willigen würde — und überläßt mirs es zu thun, wenn ich es für gut befände. Aber zugleich versichert er mit eben der Festigkeit, daß ich alsdenn nie ihn wieder sehen würde. Gestern sagte er mit vieler Wärme zu mir:

Lieber Neffe! Du verlierst zwar nichts dabey, wenn Du das Mädchen heyrathen solltest — denn mein Vermögen entziehe ich Dir nimmermehr — für diese Ungerechtigkeit könnte mich auch die gerechteste Ursache dazu nicht beruhigen — nicht entschädigen. Und Carl! meine Gesellschaft — denn meine Augen sollen Dich nie wieder sehen, so bald dieses geschieht — also diese meine ermüdende Gesellschaft — die kann Dir auch nicht viel seyn. Was ist es eben für ein Opfer, des Umganges

mit

mit einem alten genieköpfigen Podagristen zu entbehren? Dein Herz Carl! ist noch das, worauf ich baue. Vielleicht verliert es die Empfindung der Liebe, die es bisher für seinen Wegweiser auf der Bahn der Ehre gefühlt hat? aber sollte dieses einmal wegfallen — und Du solltest mich einmal ganz überdrüßig seyn — dann kannst Du das Mittel ergreifen Dich von mir loszumachen — Dein alter Onkel wird sich da auch bald hinunter grämen — Denn — Junge! Du allein erhältst noch das bisgen, was mir von Lebenskräften übrig ist.

Dies letzte sprach er mit einem übernatürlichen Affekt. Der Schmerz mußte ihn schon in den Nerven wüten. Denn nun that er einen lauten Schrey, und bekam einen heftigen Anfall vom Podagra. Er hatte sich in die Hitze gesprochen, und mir that's recht weh, daß ich die unschuldige Ursache seiner Schmerzen war. Nein, zeit seines Lebens Waller! heyrathe ich sie nicht. Das hab ich ihm auch feyerlich versprochen. Ich bringe jetzt die meiste Zeit vor seinem Bette zu, weil er fast immer liegt.

Er

Er hat mir doch versprochen, meine Caroline zu sehen, denn er sagt: Er will sehen, ob mein Enthusiasmus der Mühe werth ist. Wenn ihm das Mädchen gefällt, so will er ihr eine goldne Repetiruhr schenken, die sehr schön ist. Das will er aus Liebe zu mir thun — aber heyrathen, soll ich sie doch nicht.

Gestern mußt' ich ihm seine Ahnengeschichte vorlesen, die er sorgfältig gesammlet, und auf den schönsten Pergament sehr sauber schreiben lassen. Das sieht er immer als eine große Gefälligkeit an, wenn ichs thue, denn er weiß, daß ich meine Zeit nicht gerne verderbe. Wie ich fertig war, seufzte er und sagte: Siehst du Junge — keine einzige Mißheyrath seit Carls des Großen Zeiten, und nun sollte so eine Epoche kommen, und das alles wieder herunter reissen. Pfui, Carl! Wo du das thust, wend ich mich im Grabe um. — Und so gehts bey jeder Gelegenheit.

Er hat mir schon sein Lehngut abgetreten. Ich könnte da vortreflich mit Carolinen wohnen — Aber ich verabscheue den Gedanken ihn zu kränken. Und wenn ichs auch wirklich thun

thun wollte, so will weder Caroline noch ihr Vater etwas davon wissen. Sie lieben meinem Onkel zu sehr, um wider seinen Willen zu handeln. Alles hat sich wider mich verschworen.

In einigen Tagen will ich Carolinen hinbringen. Ich hoffe noch alles Gute von ihrer Gegenwart. Zuweilen ist er auf guten Wege — Aber der verhenkerte Stammbaum — Faßt er den in die Augen, so ist aller guter Vorsatz unterdrückt — zerrüttet — denn die Lücke darin zu wissen — das ist ihm noch ärger als tod. Und jedesmal, wenn er sich drüber ereifert — hat er wieder einen stärkern Anfall vom Podagra — Das kränkt mich sehr. Er wird gewiß nicht lange leben, und wenn er davon geht, ohne mir Carolinens Hand zu geben — so bin ich unglücklich — denn muß ich kämpfen — zwischen Pflicht und Liebe — zwischen Gehorsam und Zärtlichkeit — zwischen Tod und Glück. Wir ziehen also beyde an einem Unglücksseile Waller. Wir können beyde Trost in Standhaftigkeit suchen, und Ruhe wünschet für uns beyde

Dein

Freund Carl.

Ein

Ein und zwanzigster Brief.

den 16ten Sept.

Carl an Waller.

Mein Onkel hat Carolinen gesehen. Er ist ganz bezaubert von ihr. Der ganze Nachmittag ist nur ein Gespräch zwischen ihm und ihr gewesen. Sie weiß sich so gut in ihm zu schicken, daß er mit viel Feuer sagte: Er müßte in seinem Leben kein Frauenzimmer gekannt zu haben, die ihm so gefallen hätte, als Caroline.

Ich habe ihn seit langer Zeit nicht so munter gesehen. Er schenkte ihr nicht allein die Uhr, sondern auch ein Etui, welches sehr schön gearbeitet, und auf welches er immer erstaunlich viel gehalten.

Mir selbst Waller! — gefiel sie gestern mehr als jemals. Ihre sanfte Aufmerksamkeit auf jeden Wink meines Onkels, machte einen so starken Eindruck auf mich — daß ich ganz entzückt — ich glaube in der Minute — selbst meinen Onkel vergessen hätte.

So bald ich von ihm nicht genau bemerkt wurde, welches er doch sehr oft that, druckte

ich

ich ihre Hand — sagte einige zärtliche Worte, und sie erwiederte es mit einem durchdringenden Blick; der jedesmal seine Wirkung auf meine Seele that.

Vielmal standen Thränen in meinen Augen — allein ich unterdrückte sie und vermied sorgfältig ihn zu kränken.

Bey Ihrem Abschiede bat er sie öfters wieder zu kommen — als eine Freundin unsers Hauses sich zu betragen, und das ganze Haus als ihr Eigenthum anzusehen.

Ich schöpfte Hofnung — Ich führte sie an die Thür — O Waller! was gieng in meiner Seele vor — Was für eine Mischung von Freude und Angst fühlte ich!

Nun, Caroline sagte ich, ein entscheidender Zeitpunkt. Vereinigen sie ihre Seufzer mit den meinigen.

Caroline. Ja, Carl, aber — wenn wir wider einen solchen Mann ungehorsam seyn — seinen Willen übertreten wollten — wir wären strafbar — lasterhaft — Dies Endurtheil gab sie mir mit thränenden Augen. Ich kam zurück, und mein Onkel sah das Wasser in den Meinigen. Ganz

Ganz recht — gutherziger Junge! Du dauerst mich, aber ich kann mir nicht helfen — Geh zu Bette, armer Carl.

Hier rollten meine Thränen mächtig. Vergeben Sie mir lieber Onkel — Ich will nie wider ihren Willen handeln.

'S hat sich gut vergeben, sagt' er — Wenn mir solch ein Mädchen vorgestossen wäre, da wär' ich wohl närrsch gewesen, wenn ich sie nicht genommen hätte. Aber Carl zu Bette, zu Bette — was hilfts, hilft alles nichts — Kannsts nicht lassen — nimm sie, nimm sie immer — aber nicht mehr vor meine Augen. Das ist doch recht wettermäßig dumm, daß das Mädgen nicht von Adel ist — Und als wenn ihr Grosvater nicht davor hätte sorgen können, daß er das Bisgen Buchstaben auch gekriegt hätte. So'n reicher Knaust hätte das wohl an sich wenden können. Gute Nacht, Karl, geh nur —

Ich entfernte mich. Unfühlbar war mir der schöne heitre Abend. Ich gieng in Garten. Ich setzte mich in eine der schwermüthigsten Lauben. Hier ließ ich meinen Klagen freyen Lauf — Karolinens Bild schwebte vor mir. Ich sah
sie

sie in der Heftigkeit meiner Einbildungskraft vor mir fliehen. Ich folgte ihr. Wie ich in die dunkle Tannenallee kam, an deren Ende das Wäldgen anstößt, kam eben der Mond hinter einer Wolke hervor. Dies bemerkte ich nicht gleich, aber durch die plötzliche Erleuchtung kam mir die Gegend elysisch vor. Das Wäldgen schien mir der Tempel des Glücks, und Karolinens Bild die Göttin darinn zu seyn.

Dies würde eine glückliche Veränderung in meinem Gemüthe hervorgebracht haben, wenn nicht denselben Augenblick ein durchdringendes Geschrey meines Onkels den süßen Traum gehoben, meine Aufmerksamkeit gestört, und mich dem Hause zu hätte eilen gemacht. Ich lief gleich in sein Zimmer, und fand ihn in den unbeschreiblichsten Schmerzen fast ohne Gedanken. Ich ließ die gewöhnlichen Mittel anwenden, ihm Linderung zu verschaffen, und es fruchtete auch. Da er sich erholt hatte, sagte er zu mir:

Sieh, Karl! sieh — nichts kann ich für Dich finden — nichts finden, was ich für Dich thun könnte — Und wenn ich sie auch wollte adeln lassen, so ist der Adel zu jung. Er beschimpft

schimpft meine Familie — und da wär's eben so gut, als ob du sie so nähmst. Aber — Carl! wenn sie könnte adoptirt werden — wenn —

Lieber Onkel fiel ich ihm ein; Ihre Krankheit leidet diese Gemüthsbewegungen nicht — Sorgen Sie für Ihre Gesundheit. Vergessen Sie meine Thorheiten, vielleicht vergesse ich auch Karolinens — Aber eine Röthe überzog mich auch bey diesen verstellten Worten.

Er raffte sich auf, und sagte mit vielem Feuer: So — ja wegn das wäre! da wärst Du doch der Schurke der ganzen Welt.

Getroffen, dacht' ich.

Hohl mir meinen Stammbaum, sagt' er etwas gelaßner. Ich brachte ihn — Er durchlief ihn flüchtig — dann wieder etwas hitziger:

Nein — geht nicht — geht nicht, auf alle Fälle nicht. Damit legte er sich auf die Seite, und schlief unvermerkt ein. Ich wünschte ihm recht herzliche Ruhe von dem Kummer seines Gemüths. Denn nun wußte ich, wie nahe ihm meine Quaal gieng.

Aber der Gedanke der Adoption begleitete mich bis zur Ruhe. Ich hab ihm weiter nachgedacht,

gedacht, und er hat bey mir Wurzel gefaßt, Hoffnungen erregt. Du, Waller, kannst meine Glückseligkeit befördern. Ich will an Deine Mutter schreiben — Ich will sie bitten, Karolinen an Kindesstatt anzunehmen. Ihr nichts als ihren Namen; und wenn sie will, die Zärtlichkeit einer Mutter zu gönnen. Wenn Du nun deine Bitten mit den meinigen vereinigtest — wenn Du, Waller! Deine Einwilligung dazu gäbest, so würde es Deine Mutter thun — mein Onkel würde einwilligen, und ich glücklich seyn.

Freund meines Herzens! In Deinen Händen steht jetzt ein Theil meines Schicksals, und wenn noch die Sympathie in unsern Herzen sich fortgepflanzt, die ehemals darinn wurzelte, so wirst Du eine Schwester annehmen, die das Glück Deines Freundes macht.

Hierbey ist ein Brief Deiner würdigen Mutter, die abermals viel um Dich gelitten.

Dein Onkel hat dich entsetzlich bey ihr verläumdet, aber sein bekannter Charakter, und die Versicherungen von mir, daß ich nähere und bessere Nachrichten vom Verlauf dieser Sache habe, haben ihr allen Verdacht benommen.

Schrei-

Schreibe mir ja bald — nicht allein um mich zu befriedigen, mein Glück zu fördern, sondern auch um mich nicht zu lange in der Ungewißheit Deines Schicksals zu laßen, um mir bald — bald zu sagen, daß Du ruhiger bist — Deine Natalie, und mit ihr alles Glück Deines Lebens wieder gefunden haft.

Karoline ist immer gegen Dich so freundschaftlich gesinnt, wie sie sonst war. Sie schätzt Deine edle Freundschaft nicht weniger — liebt Dich nicht minder — und wünscht eben so sehnlich Dein Glück als

Dein Freund
Karl.

Zwey und zwanzigster Brief.

D. den 15ten Sept.

An Waller von seiner Mutter.

Einziges Kind!

Schon lockte Dein letzter Brief — Deine Nachricht von Deiner glücklichen Ankunft — Freuden aus meinen Augen, die ich nie wieder zu verwechseln glaubte — ich sahe Dich schon so glücklich, so ruhig in Deiner Veränderung, daß ich

mir ſelbſt Glück dazu wünſchte — daß ich täg⸗
lich meine Seufzer für den Fortgang Deines je⸗
tzigen Wandels zum Himmel ſchickte, als ein
Brief von Deinem Onkel alles niederriß. Ja,
mein theurer Sohn! hätte ich Deinen Onkel we⸗
niger gekannt — hätte Karl — Dein eini⸗
ger, Dein unſchätzbarer Freund, nicht Linderung
in die Seele Deiner armen gekränkten Mutter
gegoſſen, Du hätteſt ſie nicht mehr — Sie
wäre gewiß ein Raub Grams, — des ſchreck⸗
lichen Kummers geworden.

Ich dachte, ich ſollte die Erde bitten, ſich auf⸗
zuthun, um mich für der Schande zu verbergen,
als ich die Läſterungen Deines Onkels über Dein
Leben — ach! ſeiner Beſchreibung nach, eine
Höllenſcene — laß; als ich Dich in dem düſter⸗
ſten Lichte eines Böſewichts, eines Ehrenräu⸗
bers, eines Verführers der Unſchuld erblickte,
und als der böſe Mann alles dieſes auf die Schuld
meiner Erziehung warf, als er mir vorwarf, daß
ich die Schlange gebohren, die ihn geſtochen —
ſo wollte ich, aller meiner Gelaſſenheit ungeach⸗
tet, verzweifeln. Ich würde Dir ſeinen Brief
ſchicken, wenn ich nicht den Zorn — den gerech⸗

teſten

teſten Zorn fürchtete — der bey dem Leſen deſſelben Dich überfallen — vielleicht Dich zu übereilten unüberlegten Handlungen bringen, und dadurch die Fülle Deiner Leiden vermehren könne.

Von Deinem würdigen Freunde habe ich die Geſchichte Deiner Liebe erfahren — O Kind! hätte ich den Ahndungen meines Herzens gefolgt — noch hätte ich Dich nicht dem weiten, ſtürmenden Meere ungeſtümmer Leidenſchaften ausgeſetzt. Ich hätte Dich bey mir dieſe brauſenden Jahre durchleben laſſen.

Zu jung — zu jung biſt Du, mein Sohn, zu einer ſo gefährlichen Leidenſchaft, als die Liebe iſt. Entweder du wirſt ausſchweifen, wirſt von dem Wege abweichen, den du ſo theuer verſprachſt, nie zu verlaſſen — oder Du wirſt verglühen — wirſt ein raſtloſes, ein unglückliches Leben ſchleppen.

Beſter Fritz! Suche alles hervor, Deinem Onkel nicht mehr zu beleidigen — Er iſt ein böſer — falſcher Mann, aber ich fürchte ihn — fürchte ihn um Deinetwillen — bedenke es — um eines einzigen geliebten Sohnes willen.

Fahre — wenn du kannſt, zu mir zurück.

Gehe unter den Schutz Deiner gekränkten Mutter, die um Dich klaget, wie der Schiffbrüchige um seinen Reichthum.

Aber was verlauge ich? Nein — Du kannst nicht — bist gefesselt — verwickelt — Aber, Dank sey dem Himmel! der Gegenstand Deiner Liebe ist tugendhaft. Wie der fromme Sohn für den Segen seines sterbenden Vaters danket — so steiget mein Dank zum Throne des Höchsten.

Ich kann meinem vollen Herzen nicht alles entreissen, was nur für Dein Wohl es enthält. Segen aber auf Dich — Segen auf die unglückliche, aber tugendhafte Natalie! wird stets das Gebet seyn

  Deiner   betrübten Mutter
      v. Waller.

Drey und zwanzigster Brief.
den 16ten Sept.

Waller an Carl.

Ich trage immer noch die düstre Melancholie mit mir herum, die seit Nataliens Verlust mich überfallen, und Wunder wärs nicht, wenn ich

ich mit der ganzen Welt Händel anfienge — so
mürrisch und menschenfeindlich als ich bin. Al:
le, die mich sehen, merken's, daß es um Natalien
ist; daß ich traure, und keiner hat die Barmher:
zigkeit für mich, mich in Ruhe an sie denken
zu lassen.

Ein Geck sucht mich zu bereden, daß es Mäd:
gen mehr in der Welt gäbe; als wann ich das
nicht selbst wüßte, oder als wann mir blos drum
zu thun wäre, einem Mädgen die Hände zu küs:
sen, und sagen zu dürfen: Ich bin ihr Liebha:
ber. Ein andrer sucht mir gar Nataliens Cha:
rakter verdächtig zu machen, spricht viel vom Se:
rail, vom Entlaufen, so, daß ich mich schier ge:
nöthigt sehe, ihn an die Ohren zu schmeissen.

Vorgestern gieng's aber doch fast so. Hr. v. B.
hatte Gesellschaft. Vieles Bitten bewog mich
dahin zu gehen. Da war ein junger Baron,
den ich nicht kannte, der fieng an vom Baron,
meinem Onkel, zu erzählen, daß er ihm den Auf:
trag gegeben hätte, sein Mensch wieder zu schaf:
fen (solche Höflichkeiten sind hier gäng u. gäbe).

Ich wurde schon roth — aber wie er vol:
lends auf mich zu kam, und sagte: Hr. v. Wal:

ler,

ler, wissen Sie nichts von ihr — Ich höre, Sie können sie gut leiden — so riß mein Herz mehr als es schlug, und meine Gedult war am Ende.

Doch sagte ich mit einiger Unterdrückung meines wallenden Affekts.

Sie wußten das, Herr Baron, und bedienten sich des schlechten Ausdrucks?

Baron. Man weiß ja wohl, daß es die Maitresse des Grafen ist.

Ich. Wissen Sie es gewiß, so sind Sie unverschämt, daß Sie mir es sagen; und wissen Sie es nicht gewiß, so handeln Sie niederträchtig, und in dem Falle ist die niedrigste Benennung für Sie zu gut.

Baron. Wie das, Herr von Waller?

Ich. Ihnen Baron — verdienen Sie es nicht? Die ganze Gesellschaft war bestürzt. Hr. v. B. gab seinem Neffen einen Verweiß wegen seiner unbesonnenen Aufführung.

Ich gieng in den Garten, um mich zu zerstreuen. Es dauerte einige Minuten, so kam der Baron. Er machte mir bittre Vorwürfe, und zog sogleich. In diesen Fällen bin ich noch immer der Alte. Deine Lehren, Freund, haben

ben mich noch nicht so weit gebracht, daß ich die wahre Ehre vor der falschen unterscheiden kann, und ein bloser Degen ist immer bey mir noch ein hinreichender Grund den meinigen auch zu ziehen. Ich sehe wohl, daß Leidenschaften, die eingewurzelt sind, den Sieg am schwersten machen. Wir fochten, allein die Vortheile, die ich vor ihn voraus hatte, und die Hitze, mit welcher er zu Werke gieng, verursachte es, daß er bald in meinen Degen lief. Der rechte Arm wurde durchstochen. Ich gab ihm mein Mitleiden zu erkennen, besorgte seinen Verband, und gieng wieder zur Gesellschaft. Man hatte unsre Abwesenheit bemerkt. Hr. v. B. kam auf mich zu, und entschuldigte die Unbesonnenheit seines Neffen aufs neue. Ich erzählte ihm den fernern Verlauf insgeheim, und er war zufrieden, daß es nicht schlimmer abgelaufen, gönnte auch seinem Neffen die kleine Züchtigung. Aber solche Vorfälle sind mir doch verdrüßlich. Ich habe mir vorgenommen aufs Land zu gehen, wo ich mir ehestens eine Wohnung miethen will. Da kann ich in Ruhe meinem Elende nachhängen, und mit leeren Hoffnungen mich erquicken. Wenigstens

nigstens habe ich die Zerstreuungen der angenehmen Natur, die zwar schou zu ihrem Schlafe sich neiget, wovon aber die Nachlese noch herrlich genug ist. Wie lange die Ungewißheit meines Schicksals noch dauren wird, weiß ich nicht. Alles Forschen ist umsonst, auch Madame M* weiß nichts. Der Baron speyt Feuer und Flammen in allen Gesellschaften auf mich, und er vermeidet sorgfältig die Oerter, wohin ich zu gehen pflege. Ich will ihm aber bald alles räumen.

Sein gottloser Brief an meine Mutter, hat den Funken, der noch von Achtung gegen ihn in mir übrig war, völlig ausgelöscht. Ich habe meine betrübte Mutter gebeten, künftig keinen Nachrichten Glauben beyzumessen, als die von mir selbst herrührten — Wüßte sie, daß ich zu zärtlich liebe, als daß ich einem Irrwege folgen — untreu an meiner Natalie werden könnte, sie würde ruhiger seyn.

Dies traurige Schicksal meiner ersten und einzigen Neigung, hat mein Herz gedemüthigt, hat allen Stolz auf mich selbst in mir unterdrückt, und läßt mir nichts übrig, als mein Leben derjenigen zu widmen, von der seine Dauer abhängt.

Mit

Mit allem, was man für eine Schwester fühlen kann, hab ich meiner Mutter von Karolinen geschrieben. Könntest Du wohl zweifeln daß ich es wollte? Es ist die einzige ruhige Stunde, die seit Nataliens Verlust mich erheitert hat, die, darinn ich Deinen Brief las, Dein Glück in der Hoffnung, und Dich in der Erwartung eines seligen Besitzes Deiner Karoline sahe.

Dein Onkel ist ein rechtschaffener Alter. Du hast wohl gethan, daß Du ihm nachgegeben. Karl! Du hast ein gewaltiges Verdienst vor mich voraus — aber ich gönne es Dir — gönne Dir den ruhigen Tag, der Dein ganzes Leben ausmacht — gönne Dir alle die Freuden, die Karolinens Besitz Dir verspricht.

Mir wünsche ich sie zwar auch. Aber daß mein Herz jedesmal springt, wenn ich daran denke, als wenn es sich seiner Bande zu entledigen suchte — daß meine Angst meinem ganzen Körper eine Erschütterung verursacht, daß ich bebe, zittre, wider meinen Willen weine — ja Karl, das ist schlimm — das bedeutet Uebel.

Und soll dann Uebel mich treffen, so treffe es mich alleine; nicht die arme, irrende, verlaßne Heilige, deren Fus den Weg des Elends wandert — und deren Herz dem Himmel schon hier entgegen wallt.

Leb wohl, geliebter Karl — glücklicher als
Dein

Waller.

Vier und zwanzigster Brief.
den 19ten Sept.

Herr Pastor Bayer an seinen Bruder.
Geliebter Bruder!

Du bist immer bisher ein Beschützer der Unschuld und ein Freund der Tugend gewesen, und ich bin jetzt Deines brüderlichen Beystandes benöthigt.

Vor ohngefehr acht Tagen kam meines Kirchherrn, Baron R*, jüngste Pflegetochter, Natatalie Sommer bey mir krank und abgemattet an. Die Spuren des bittersten Kummers waren in ihrem Gesichte zu lesen, und ihr Körper war bis auf den äussersten Grad schwach. Mein und meiner Frauen Schrecken war so stark, daß wir kaum wußten, ob wir sie empfangen sollten, oder nicht. Das liebenswürdige Mädchen

Mädchen ist immer der Gegenstand unsrer Liebe gewesen, und da sie uns öfters besucht, wenn der Baron auf seinen Gütern ist, so muthmaßte ich die eigentliche Ursache ihrer Verwirrung nicht sogleich. Aber ihre erste Bitte entdeckte mir hinreichend, daß sie unglücklich und verlassen sey.

Sie bat mich, sie vor den Verfolgungen des Barons zu schützen. Sie erzählte die ganze Geschichte ihrer Leiden. Nachdem sie zuletzt aus dem Wagen des Grafen entsprungen, hat sie 3 Tage in einer der elendesten Hölen des Waldes zugebracht, wo sie durch die Barmherzigkeit eines vorbeygehenden Weibes Brod zu ihrer Nahrung erhalten. Mit dem Vertrauen auf mich hat sie sich auf den Weg gemacht — und ist auf die kümmerlichste Art zu mir gekommen.

Es wäre unverantwortlich, lieber Bruder, wenn ich sie nicht den Händen des Verführers entzöge; und meine Lage, in Ansehung des Barons, erlaubt es nicht, sie bey mir zu behalten. Ich wünschte also, daß Du dieses abermalige Zeichen Deines guten Herzens darlegtest, und die traurige Natalie erfreutest.

Sie wird Dir den reinsten Dankweyrauch
dafür

dafür streuen, und wird die Zeit ihres Aufenthalts hindurch Dir eine angenehme Gesellschafterin seyn.

Melde mir, ob Du dies Werk der Liebe übernehmen, ob Du eine Unglückliche glücklich machen, eine Gekränkte erfreuen, und einer Verlaßnen Dich annehmen willst. Melde auch, ob und wann ich sie zu Dir bringen soll.

Anfänglich wird sie Dir düster, traurig und melancholisch vorkommen; aber ich sehe in der Tiefe ihres Herzens einen Funken der Lebhaftigkeit, den nur Unglück unterdrückt zu haben scheint, und welchen Deine Laune am allerersten anzufachen im Stande ist.

Der Baron ist schon bey mir gewesen. Natalie war ganz ausser sich — ich habe aber niemals sie jemanden ausser dem Hause sehen lassen, also fiel alle Muthmassung weg. Er erkundigte sich sorgfältig nach ihr, und schalt ihren Ungehorsam, mußte aber unverrichteter Sache wieder abziehen.

So muß auch oft ein Priester ein Diener der Wahrheit, ein Lehrer der Gebote — sie übertreten. Ich heuchelte ihm Unwissenheit vor,

vor, und hatte den Gegenstand seines Forschens unter meinem Dache. Aber die Tugend zu beschützen — ist die erste Pflicht.

Ich wünsche, daß Du meinem Verlangen nicht zuwider bist. Denn besser als bey Dir kann ich sie nicht versorgen. Wünsche und Grüsse für Dein Haus von mir und den Meinigen. Ich bin

Dein aufrichtiger Bruder
Bayer.

Fünf und zwanzigster Brief.
den 19ten Sept.

Antwort des vorigen.

Sag' mir, Bruder! was soll ich immer von Dir denken, daß Du der weitschweifigen Anfragen nicht einmal ein Ende machst? Seit wenn glaubst Du wohl, daß ich ein Schurke geworden, den's Tageslicht nicht mehr bescheinen darf? Ein ganzer Hecht bist Du — Wenn nun der Brief in unrechte Hände gekommen wäre, da müßte man doch denken, daß ich um ein Stück Brod hundertmal mich ansprechen liesse — oder wenn der Baron ihn gepackt hätte — ha! da war alles verloren —

Gar und ganz gefällt mir's nicht, daß Du das Mädchen nicht gleich aufgepackt hast. Du weißt nun, daß ich keine Kinder habe, und wozu hat mir denn unser Herr Gott das bischen Reichthum gegeben, als daß ich's seinen Geschöpfen wieder zu gut kommen lasse.

Das wäre ja wohl die größte Thorheit auf der Welt, wenn der Mensch glauben wollte, daß Gott vor die Unglücklichen nicht sorgte. Solche Kerle, wie ich einer bin, sind unsers Herrn seine Magazine, an uns haben alle Dürftige Anweisung, und wehe uns, wenn wir hie protestiren. Das hab' ich Dir schon so oft gesagt.

Also bring sie nur, je eher je lieber; ich werde schon sehen, wie ihr die Zeit zu vertreiben ist, daß sie nicht so melancholisch bleibt.

Ja, bey Dir im Hause, wo nichts gethan wird, als gebetet, gesungen und gefaullenzet (Nimms nicht übel, Bruder; denn übrigens bist Du'n ganz guter Kerl.) da mußt sie wohl kukmausern — aber ich denke, zu rechter Zeit gebetet, und zu rechter Zeit gesungen, gelacht und geschäkert, und denn so viel Gutes gethan, als man immer mit beyden Händen thun kann (denn

so

so viel wirds doch nicht als es seyn sollte) das ist Leben. Das arme Ding hat sichs wohl recht sauer werden lassen, bis sie zu Dir hingekrochen ist. Davor sollen auch ihre gute Tage hier nicht sparsam seyn. Meine Pflicht ists, ihr das alles zu vergüten. Ist denn das Gespenst vom Baron immer noch so leckerich? hat sich doch immer die besten Bissen ausgesucht — Aber wenn's mit dem einmal zum liquidiren kommt, da wird 'n wohl bange — herzlich bange werden.

Komm, Bruder! lieber heut als morgen, denn nun wird mir die Zeit erst recht lang werden. Bring sie ja selbst in eigner hoher Person her, sonst könnte da wohl ein neuer Schurke aufpassen, denn solche Schnaphähne giebts hier herum genug, und solche Bissen laufen den Herrn nicht alle Tage ins Garn.

Auf den Baron hab' ja eine genaue Vorsicht, denn der hat Augen an allen Ecken, und sieht, wo nichts ist.

Ich werde schon ein Zimmer vor das gute Kind zurecht machen lassen, das ein bisgen munter ist.

Aber noch eins — Sie hat doch keinen
Adels

Adelstolz — denn da wär' sie nicht vor mich, und dürft' wohl Händel unter uns zwey beyden geben. Sag's ihr, daß ichs nicht vertragen kann. Ich hatte auch einmal eine Blitzkröte von der Art, ich ließ ihr's gewiß an nichts fehlen, aber Moral die mußte sie alle Tage drüber hören, da half nichts. So, wie ich glaube, soll die besser seyn; denn wenn Du Dich schon mit ihr abgiebst, so hat das nichts zu sagen. Auch thut sie mir 'n Gefallen, wenn sie die großen Papilions und die Polsterküssen an den Seiten, oder Reifröcke, wie sie's heissen, wegläßt. Sie sieht darinn sonst so adlich aus, und da werd ich blöde mit ihr zu sprechen. Weiter wüßt ich nun nichts.

Bringe doch Deine Frau und Deinen Sohn mit. Gar zu lange hab' ich euch nicht gesehn. Ich habe schon vor euch alle etwas zurecht gesetzt, jedes sein Stückgen mir zum Andenken. Solltet ihr aber nicht kommen können, so kriegt ihrs doch, denn mit Gewalt mag ich euch nicht zwingen, zu mir zu kommen. Aus guten Herzen, und keine Last muß es seyn.

Ich schicke Dir hier noch ein recht gut Faß Märzbier. Ich weiß, Du kannst's dort nicht
so

so gut haben. Und mir schmeckts nicht, wenn ich weiß, daß Du's schlechter trinkst. Auf meine Gesundheit also, Bruder. Da halt ich viel drauf.

Nun, leb wohl, Herzensbruder! mit Deinem ganzen Hause. Komm bald mit Deinem neuen Gast. Recht herzlich willkommen soll er uns seyn. So was Drittes ist in der Einsamkeit immer was gutes. Meine Frau läßt euch alle recht herzlich grüßen. Ich bin

Dein treuer Bruder
Bayer.

Sechs und zwanzigster Brief.

den 19ten Sept.

Waller an Karl.

Ich bin so unmustern, Karl, so menschenscheu, daß es jeden grauen würde, bey mir zu seyn. Darum hab' ich mich auch weggemacht. Ich wohne jetzt ganz allein zwischen vier hölzernen Mauren. Keine menschliche Seele regt sich um mich, als mein Bedienter. John habe ich in der Stadt gelassen, um Nachrichten einzuziehen.

Meine Gegend ist schön, recht nach meinem jetzigen Geschmack. Ich habe gleich um mein

J Häusgen

Häusgen einen Grasplatz, und ohngefehr eine Viertelstunde vor mir freyes Feld. Hinter mir Wald, der immer in der Ferne dunkler wird, und die Gegend ganz einschließt. Das, was es am allerehrwürdigsten macht, ist ein Wasserfall, der gerade gegen mir über ist, und beständig rauschet.

Das ist auch mein bester Gesellschafter, denn wenn ich in der Gegend spatziere, und ganz meinem Jammer mich überlasse, so betäubt er meinen Kopf und zugleich meinen Schmerz. Ich vergesse etwas von meinem Elend, und bewundre die Schönheit der mannichfaltigen Steine, womit die Gegend zum Erstaunen übersäet ist. Auch das Wasser scheint etwas versteinerndes zu haben, denn ich habe verschiedene incoustirte Sachen von allerhand Art gefunden, besonders wo das Wasser ehemals geflossen zu haben scheint.

Nun habe ich den Namen Natalie in Holz schön ausgeschnitten, und in die Quelle gelegt, da mag er so hart werden, wie mein Unglück, und das Herz meines Onkels.

Eben kommt John aus der Stadt, und bringt mir die Nachricht, daß der Baron ganz toll gewesen, als er erfahren, daß ich nicht mehr in der

Stadt

Stadt sey. Er behauptet allgemein, daß ich mit Natalien davon gegangen, und der Ruhm, den er mir beylegt, ist: daß ich der schlechteste Mensch auf Gottes Erdboden sey. Er hat die Raserey begangen, und um Steckbriefe angehalten, um mich verfolgen zu lassen. Allein sie haben es ihm, wie billig, rund abgeschlagen. Wie kann doch ein vernünftiger Mensch so thöricht seyn?

Melde mir doch bald, wie es mit der Sache Deiner Karoline geht. Ich bin recht begierig, das vortrefliche Mädchen Schwester zu nennen. Deinem Onkel und auch ihr wirst Du mich schon empfehlen — an meinem Leiden werden sie gewiß auch einen kleinen Antheil nehmen.

Sey so gut, lieber Karl, und gieb der Mutter Nachricht, daß ich nicht mehr in der Stadt wohne, sonst, wenn sie erfährt, daß ich weg bin, denkt sie neues Unglück. Weil John gleich wieder in die Stadt geht, so nimmt er diesen Brief mit. Lebe also wohl, und erwarte ehestens wieder Nachricht von

Deinem

Waller.

Sieben und zwanzigster Brief.

den 21ten Sept.

Natalie an Madame M*.

Mit welcher Entzückung nehme ich die Feder zur Hand, um Ihnen, meine Beste, Nachricht von mir zu geben. Eine Freude, die mir so lange verschlossen war. Wie sauer ist es meinem Herzen geworden, diesem Befehle zu gehorchen! Allein mein Wohlthäter, mein Retter, mein Freund verlangte es von mir. Nun will er selbst davor sorgen, daß Ihnen diese Nachricht zu Händen kömmt.

Dies ist die erste recht süsse zufriedne Minute, seit dem ich von Ihnen weg bin. Ich habe nun Hoffnung, alle meine Leiden zu vergessen — ruhig und unbekannt meine Tage zu durchleben. Ich bin in einem vollkommnen Taumel wegen der Veränderung meiner ganzen Lage.

Fürchterlich, meine Liebe — fürchterlich war die Nacht, da ich von Ihnen gerissen wurde. Meine Ahndungen hätten mir dieses sagen, hätten mich vor der Gefahr warnen sollen. Ich hatte schon einige Stunden schlaflos zugebracht, als

ich

ich etwas einschlummerte, aber gleich durch eine Bewegung in Riedels Zimmer aufgeweckt wurde. Da er uns vorher gesagt, daß er aufbleiben würde, wähnte ich keine Gefahr. Zuletzt aber machte mich sein Stöhnen aufmerksam. Ich stund auf zu Ihnen zu gehen. Indem ich die Thür eröfnete, stand der Baron da. Ein lautes Geschrey war alles, was ich hervorbringen konnte, als er mich gleich anpackte, und auf eine barbarische Art mit einem Schnupftuch mir den Mund verstopfte. Er ließ mich darauf binden, und schleppte mich selbst im Wagen. Eine Stunde fuhren wir auf diese Art. Ich war einer Ohnmacht nahe, indem ich des Schnupftuchs wegen nicht recht Athem hohlen konnte. Endlich ließ er mich frey machen, und nun wurde seine Zunge so unverschämt, daß ich in meinem Elende wünschte, er hätte mich lieber getödtet. Zuletzt wollte er seine Hände an mich legen. Wie habe ich gezittert! Wie habe ich mich geängstiget! und hätte die Vorsicht nicht besonders über mich gewacht — damals hätte ich seiner Grausamkeit unterliegen müssen — und dann wäre mein ganzes Leben ein Zusammenhang von Schaam, Elend und Mitleiden gewesen. Noch, wenn ich daran denke, überfällt mich eine Angst, die meinen ganzen Körper angreift. Noch immer sehe ich den Wütrich in Höllengestalt vor mir, sein dürstendes Auge auf mich blitzend — auf das unschuldige Opfer seiner Rache. Ja — Freundin! Ich bin einem Schicksale entronnen, das erbarmenswürdig gewesen wäre.

Endlich schlief der Bösewicht, vom Wein u. Ermüdung betäubt, ein, und ich fand den Weg meiner Rettung. Alle seine Leute schliefen, und der Wagen gieng Schritt vor Schritt. Sachte stieg ich aus, und machte die Thür vorsichtig wieder zu. Mit dem wärmsten Dank für meine Rettung, gieng ich zitternd in den Wald hinein. Nach einer halben Stunde war ich so ermüdet, daß es mir ohnmöglich war, weiter zu kommen. Ich gieng in eine Felshöle, die eben zureichte, mich aufzunehmen.

Diese Höle, meine Freundin! ist drey Tage mein Aufenthalt gewesen. Furcht und Grausen waren meine Gefährten, allein sie waren nicht so schrecklich, als die Gefahren, denen ich ausgesetzt seyn konnte, wenn ich sie verließ. Der Hunger

ger nöthigte mich, doch es zu thun. Ich suchte einen Weg, und kam auf eine Landstraße.

Eine Weibsperson gieng alleine darauf hin. Sie sah elend aus — Allein sie mochte mich wohl vor noch elender halten, denn sie redete mich an, bedauerte mich, und frug, was mir mangelte. Ich wagte es nicht, mich ihr zu entdecken, sondern ich bat sie nur um etwas Brod. Sie gab mirs, und mit vieler Mühe nahm sie das Geld, welches ich ihr dafür anbot. So ein Zug, in dem elendesten Stande der Menschheit, muß einen rührenden Eindruck auf das Herz eines Großen machen.

Nach drey Tagen fand ich mich, vom Genuß der natürlichsten Kost, vom Brod und Wasser, gestärkt. Ich überlegte nun, wohin ich meinen weitern Weg nehmen sollte. Ich untersuchte die Landstraße, und fand, daß sie zu den Gütern des Barons führte. Gleich fiel mir mein würdiger Freund, Herr Pastor Bayer, ein. Ich nahm mir vor, zu ihm zu gehen. Alle Gefahren, denen ein Frauenzimmer allein ausgesetzt ist, schienen mir leicht zu übersteigen. Die Furcht für den Baron war das einzige, was mich schrek-
te.

te. Ich gieng mehrentheils die Nächte durch, die wegen des Mondscheins helle waren, und am Tage versteckte ich mich in den Waldungen. Nach vier Tagen kam ich an. Offne — freundschaftliche — liebreiche Arme empfiengen mich.

Aber — Freundin! machen Sie sich einen Begriff von meiner traurigen Lage in der Höle — von den schrecklichen Träumen, die meine Phantasie nothwendig zusammenzusetzen gezwungen war — von der Art, mit welcher ich 7 Tage durchlebte, ohne andere Gesellschaft, als mein Elend zu haben.

Noch wundre ich mich, wie meine ermüdeten Glieder so sanfter Ruhe genießen können, da nichts als ein Steinlager sie aufnahm — wundre mich, wie ich, oft voll von der wildesten Verzweiflung, die Spitzen der Felsen habe ansehen können — ohne durch einen Stoß meinem Unglück ein Ende zu machen, wozu sie mich einzuladen schienen — wie ich unter wilden Thieren, wovon unsre Wälder, wie Sie wissen, angefüllt sind, ohne alle Gefahr gelebt, und nicht einmal gedacht habe, daß es welche geben könnte. Vielleicht war meine Höle die Wohnung eines wilden
Bären,

Bären, und wie, wenn er mir zur Gesellschaft gekommen wäre? Jetzt schaudert mir vor allen, und damals vor nichts.

Aber, wenn der Baron, der eben damals diese Straße gereiset ist, mich gesehen hätte? O! dieser Gedanke ist betäubend für mich! Ewigen Dank — gütiger Himmel! daß du mich dafür bewahret.

Der Pastor Bayer that mir den Vorschlag, zu seinem Bruder zu gehen, und da ich keinen bessern — keinen würdigern Mann kenne — so stand ich keinen Augenblick an, mich seiner Führung gänzlich zu überlassen.

Gestern sind wir hier angekommen, und ich bin nicht fähig, Ihnen meine Aufnahme zu schildern. Eine Tochter, die viele Jahre verloren — als Liebling ihrer Eltern — endlich entdeckt wird, kann nur so empfangen werden. Es war nicht als wenn ein armes verlaßnes gekränktes Mädchen, käme, um Erbarmen und Mitleiden zu flehen — Nein — Es war als wenn eine Gebieterin sich zeigte — deren Winke alles zu Gebote stehen müsse.

Würklich — es demüthigte mich. Aller-

meiner Gegenwart ohnerachtet, war ich beschämt. Aber die vortrefliche Laune des Hrn. Bayer brachte meine Fassung bald zurück. Er bot mir sein Haus auf immer an; und daß es ihm von Herzen gieng, konnten seine Blicke nicht verhehlen. Er war so heiter, so vergnügt, als wenn er heute ein Königreich gewonnen. Das kann eine einzige wohlthätige Handlung in den Menschen hervorbringen, der edles Herzens ist.

Auf meinem Zimmer weinte ich vor Freuden. Welcher Unterschied unter den Menschen! O wohlthätiger Mann! wenn du einmal im Glanze dieser Handlung neben dem Verderber meiner Ruhe stehst — wie tief wird er sinken, und wie will ich dann dein Loß erheben und ihm Vergebung erbitten.

Bald, meine Liebe! erfahren Sie mehr von mir — mehr von dem süssen Aufenthalte meiner Ruhe. Ich bin aber verändert. Ich bin Desmoiselle Haller geworden, eine Verwandte des Hrn. Bayers aus Teutschland. Diese nöthige Vorsicht, meine theure Freundin, beobachten Sie auch inskünftige in Ihren Briefen an

   Ihre   ewige Freundin
        Natalie.

         Acht

Acht und zwanzigster Brief.
den 29ten Sept.

Karl an Waller.

Nun, Waller — das ist mehr als ich hoffte — Deine gütige. — Deine vortrefliche Mutter hat schon eingewilliget, hat alles — alles gethan, was ich wünschte. Lies selbst ihren mütterlichen Brief, und sage — ob es noch so eine Frau geben kann?

Wie hat sie mich aber gedemüthigt? Ich hab's gefühlt, Waller, recht gefühlt hab' ichs, was der Mensch ist, wenn andre ihn so ganz gut glauben. Wann man auch schon vorher etwas stolz auf sich war, wann die Seele bey rechtschaffenen Handlungen etwas schwall — als wenns ihr Erquickung wäre, so etwas zu thun — so wie ohngefähr das Saamenkorn in dürrer Erde vertrocknet — vom ersten warmen Regen erquickt aufschwillt; und denn kömmt so ein Ideal von Vollkommenheiten, und will seines gleichen in uns suchen — so fällt gleich alles aus unsern Herzen — der Muth sinkt im tiefsten Boden des Nichtseyns — wie's Körngen wieder vertrocknet,

trocknet, wenn ein gar zu heisser Sonnenstral
es recht aufschiessen will.

Da fällt denn die Schwere aller unsrer
Schwachheiten auf die Seele — und vernichtet
das Jahrelange Bauwerk in einer Minute.

So war's mir auch bey dem Briefe.

Ich hab' auch erst nach 3 Stunden mich ent=
schliessen können, ihn den alten Onkel vorzulesen.

Da hätt' ich Dich nun hingewünscht, wie der
Alte sich freute — wie ein Knabe über die erste
Erlaubniß 'n Degen zu tragen — wie er fro=
lockte —. alle Stammbäume beybrachte —
Deine Familie in allen Registern nachschlug, alle
Rechte der Adoption durchsahe, und endlich nach
einer vollen Stunde auf mich zukam, und sagte:
Nun, Junge, gehts — Nun kannst sie nehmen.
Will dir deine Freude nicht länger stören. Ach!
da, Waller, fiel ich ihm zu Füssen — da um=
arm ich seine Knie mit herzlichem Dank.

Morgen hat er Karolinen und ihren Vater
zu sich bitten lassen, Karoline weiß schon alles,
aber der Vater noch nicht. Da er aber ein ver=
nünftiger Mann ist, der gegen die Heyrath nichts
einzuwenden hatte, so wirds ja auch wohl hier=
mit ihm recht seyn. Was

Was bleibt meinem Glücke nun noch übrig, als Dir meine Schuld abzutragen — recht feurig Dir meinen Dank, meine Freude entgegen zu bringen. Dir — Dir bin ich meine Gattin — und durch sie alles schuldig, was ich auf der Welt habe.

Könnten doch Deine Leiden ein Ende nehmen, wie die meinigen! Ich sehe mit Sehnsucht Nachrichten von Dir entgegen. Eines Theils wollte ich Dir nicht rathen aufs Land zu gehen — andern Theils kann ich Dirs nicht verdenken. Die Einsamkeit nutzt für traurige Menschen gar nicht. Du wirst hypochondrisch werden, Waller. Du wirst den Rest von Lebhaftigkeit, der Dir noch übrig ist, verlieren. Aber die Stadt wird Dir auch ekeln, wird Dir ein Anlaß zu täglichen Verdruß werden, und dessen bist Du auf dem Lande überhoben.

Mach' es, wie's nach Deinen Absichten am dienlichsten. Der Handel, den Du gehabt hast, könnte auch mehrere nach sich ziehen. Hüte Dich vor Deinem Onkel. Er scheint sehr tückisch auf Dich zu seyn.

Deine Mutter säh' es gerne, wenn Du zurücke

rücke kehrtest. Ich habe ihr aber schon geschrieben, daß das unmöglich ist, denn die Angelegenheiten des Herzens kann man niemanden in Kommißion geben. Leb wohl, bester Walter. Du hast den aufrichtigsten Freund, den dankbarsten Diener in

Deinem   Karl.

Neun und zwanzigster Brief.
den 21ten Sept.

Frau von Waller an Karl von Beil.
Werther Freund!

Wenn ich auch ohne die dringenden Bitten meines Sohnes, ohne die reizendste Schilderung Ihrer Karoline, und Ihrer Liebe zu ihr — bey Ihrer Bitte meine Empfindungen zu rathe gezogen hätte; so würde es mein Pflicht gewesen seyn, Ihr Glück zu befördern.

Die kleinste Erkenntlichkeit ist es gewiß, die ich Ihnen dafür beweisen kann — daß Sie meinem Sohne so viele Jahre hindurch ein Führer gewesen — daß Sie seine Schritte nach dem Willen seiner Mutter gelenkt — daß Sie als Vater an ihm gehandelt haben. Die vortrefliche

che Denkungsart, mein Herr, die Ihnen eigen ist, ist von jeher ein Gegenstand meiner Bewunderung gewesen. Ich habe alle die Beschwerden gekannt, die Sie so lange Zeit in Ihrer Liebe ertragen — ich habe das Bedauren für Sie gefühlt, was ich als Mutter für meinen Sohn fühle; und ich bin stolz — ich rechne es für einen Lohn meiner Zärtlichkeit gegen meinen Sohn, daß ich etwas zu der Beruhigung seines Freundes beytragen kann. Kommen Sie mit dem würdigen Gegenstande Ihres Herzens zu mir — kommen, Sie in meine Arme — Sie sollen mir beyde Kinder seyn. Ich will nicht den blosen Namen haben, Karolinens Mutter zu seyn; ich will alles, was eine Mutter fühlen kann — für sie fühlen — ich will Antheil an allen nehmen, was sie betrifft. Ich will mich mit ihr über das freuen, was ihr Vergnügen macht, was sie ergötzt, als ob es mich träfe, und was sie betrübt, will ich ihr tragen helfen, und ihre Last soll die meinige seyn.

Sie beyde werden mir in trüben Tagen noch ein Trost seyn, denn mein Sohn ist für mich wohl dahin. Er — der Liebling meiner Seele,

wird

wird gewiß traurige Epochen erleben, wird an seine Natalie geheftet, sein Vaterland nie wieder sehen — und immer um sie seufzen. Auch dann, wenn ich um die Entfernung meines Sohnes weine, wird Ihre Standhaftigkeit mich stützen, daß ich sie ertrage.

Aber ich falle in melancholische Grillen, die mich immer verfolgen, und bedenke nicht, daß ich Ihre Freude verderbe. Sagen Sie Ihrer Karoline, da sie noch nie eine Mutter gekannt, so würde sie itzt, zwar nicht ihre Mutter, aber doch eine solche erhalten — die das Glück zu schützen wisse, eine liebenswürdige — eine tugendhafte Tochter zu haben. Ich werde Mutter seyn, wenn sie Ihnen ihre Hand reichet, ich werde sie verbinden, und ich werde ihr Glück wünschen, einem der rechtschaffensten Männer zu Theile geworden zu seyn. Einmal werde ich doch noch das Glück haben, Freudenthränen zu weinen — Glückliche Menschen, ja glückliche Kinder zu sehen, und den Segen über sie zu ergiessen, der aus einem reinen Herzen gewiß nicht ohne Wirkung dahin fließt. Auch das Glück, Ihrem Onkel, dem würdigen Greise, in seinem Alter Freude zu machen, zu machen, ist so beneidenswerth, als der Besitz solcher Kinder. Kommen Sie ja bald in die Arme Ihrer

Sie erwartenden Mutter
v. Waller.

Dreyßigster Brief.
den 24ten Sept.

Natalie an Madame M.

In was für ein Paradies bin ich gekommen, meine theure Freundin; und alle dieses Glück, alle diese Freuden können dennoch das Herz Ihrer Natalie nicht beruhigen. Ich ängstige mich täglich, meine Seele schwebt ausser mir, meine Gedanken sind zerstreut, und suche ich sie zusammen — will ich mir dadurch Luft machen, daß ich die Ursache dieser Angst nachforsche, so kommt es immer auf — Waller hinaus.

Schelten Sie meine Schwachheit immer. So lange wir mit schwerern Uebel, mit äusserlichen Schwierigkeiten zu kämpfen haben, so glauben wir, uns leicht über die Eindrücke wegsetzen zu können, die unser Herz beunruhigten. Aber Ruhe und Bequemlichkeit sind wohl keine Mittel für ein verwundetes Herz. Jetzt stürmts auf mich alles, was mir vorher klein schien, aller Stolz wacht wieder auf, den solche Noth, wie ich ertragen mußte, gedemüthigt hatten. Ich sehe oft ihn vor mir stehen. Der Eindruck, den er auf mich gemacht, wird und muß ewig bey mir

mir bleiben, aber er wird und muß auch zur immerwährenden Erinnerung meiner Schwachheit dienen; er wird eine immerwährende meiner Seele seyn, denn ich will und kann ihn nicht wieder sehen.

Bin ich nicht ein thörichtes Mädchen? Ich strebe einem Schatten nach. Ich nehme mir vor, den zu entfernen, der nie zu mir kommen kann — der mein Glück zwar gemacht, aber zugleich einen unglücklichen Knoten geschlungen, der nie aufzulösen ist. Also weg damit. Geben Sie ihm keine Nachricht. Sollte er wirklich die Neigung vor sie fühlen, die er vorgiebt, so ist es um desto mehr meine Pflicht, ihn abzuhalten, daß nicht einmal seine Familie ihr Weh über mich ausspreche.

Aber da ist mein liebreicher Wirth. Ich soll nun durchaus mit ihm ausgehen, seine schöne Gegenden und seine Kolonie zu besuchen.

Inskünftige, sagt er — soll's, wenn Ihnen gefällt, Ihre Beschäftigung werden, meine kleine Pflanzstadt zu besuchen, und ihnen das Wochengeld auszuzahlen. Sie können schon auf mich sehen, wie ichs halte, und es scheint auch eben nicht, als wenn Sie knikriger seyn würden, als ich es bin. Also, bis aufs Wiederschreiben, meine Liebe.

Ach! meine liebe Freundin, ich bin ganz entzückt. Ich habe so viel glückliche Menschen gesehn; nie hätt' ich geglaubt, daß die ganze Welt so viel Zufriedne enthielte, als hier zusammen sind. Wir

Wir giengen durch einen schön angelegten Garten, in eine lange Allee von Linden, die uns unvermerkt in ein Wäldgen führte, wo Natur und Kunst alles angewendet hatte, es zur angenehmsten Gegend zu machen. In den dicksten Büschen waren Alleen ausgehauen, deren Höhe unabsehlich schien; und der untere Boden war, ohne Ordnung und Pracht, mit Blumen mannichfaltiger Art, im Geschmack eines Parks geziert. Der Frühling muß hier ein Ebenbild des Paradieses seyn: dann die wenigsten Blumen zeigten nur noch einen schwachen Ueberrest von dem, was sie gewesen waren, die meisten aber waren dem Untergange schon in die räuberischen Hände gefallen, der sie entkleidet — und dem Ruin des Winters überlassen hatte. Ich hatte Mitleiden mit einer sterbenden Rose, die als ein Spätling, einsam geblühet, nicht die Freude bewundert zu werden — noch im gesellschaftlichen Glanze ihrer Gefährten sich zu spiegeln gefühlt hatte. Ich bat meinen Wirth um die Freyheit, sie abzubrechen, er lächelte, und frug, was ich damit machen wollte: Sie steht so einsam da, sagt' ich — Ich will sie zu mir nehmen — will sie aufheben — will in ihr mein Schicksal lesen.

War dies eitel, meine Liebe, so bin ichs, denn das kam ganz aus dem Herzen.

Herr Bayer sahe auf die Erde, und schien nachzudenken, indem wir weiter giengen. Wie wir durchs Wäldgen kamen, sah' ich ein kleines

Dorf regelmäßig gebauet, in einiger Entfernung. Da sehen Sie, sagt' er, meine Kinder! Sonst habe ich keine. Wir kamen näher, und eine Menge zwar schlecht aber reinlich gekleideter Kinder kam um uns herum. Sie hiengen sich mit einer Freymüthigkeit an uns, die mir besonders angenehm ist, aber sie waren dabey so bescheiden, daß sie gleich zurück traten. Wir sprachen mit einigen, von ihren Eltern, von der Schule, und allerhand Kleinigkeiten. Wie wir vors Dorf kamen, saßen zwey Kinder am ersten Hause und weinten. Wie Herr Bayer zu ihnen kam standen sie auf.

„Was fehlt euch, ihr Kinder?

„Ach! Unser Vater und Mutter sind beyde krank, und haben nichts arbeiten können. Nun werden sie künftige Woche hungern müssen, und sterben.„

Diese armen, sagte er zu mir, sorgen schon vor ihre Eltern. Er gab ihnen Geld, um es dem Vater zu geben.

Wir giengen in die Stube. Auf eine liebreiche Art redete er die Kranken an: Ihr habt Unrecht gethan, daß ihr mir eure Krankheit nicht gleich angezeiget, so hätten wenige Mittel euch zu eurer Gesundheit verhelfen können. Jetzt müßt ihr mehr leiden — und indem er sich zu mich wandte: Ich habe in der Nachbarschaft einen Arzt, der so freundschaftlich ist und diese Leute besorgt, zu dem wollen wir schicken, meine Liebe. Er zahlte ihnen darauf ihr Wochengeld.

Herr,

Herr, sagte der Mann — wir haben nichts gearbeitet, und sie haben uns so reichlich bezahlt, daß ich mir etwas erspart habe. Davon kann ich einige Wochen bestreiten: Reichts nicht zu, so haben wir ja so nichts als ihre Barmherzigkeit.

„Habt ihr wohl schon gesehen, daß ich Krankheit wegen einem sein Wochengeld entzogen? Nein, meine Freunde, das wäre sündlich. Was ihr erspart habt, gehört nicht euch, sondern eure Kinder haben schon ein stilles Recht daran.„

Beyde weinten für Freude. Wir giengen nun ins Waarenhaus. Hier waren alle Einwohner versammlet. Vergnügen lächelte auf ihren Gesichtern, und ein allgemeines Willkommen empfieng meinen Wirth in jedes Blicken. Es war als wenn ein beliebter Fürst unter sein Volk tritt, und dieser Augenblick erfüllte mich mit einer besondern Hochachtung für Herrn Bayer.

Was könnte der Mann für einen Stolz haben, der so viele blos durch sich glücklich siehet. Da war keiner der scheel gesehen, oder über den andern neidisch gewesen wäre, der mehr zu seinem Antheil bekam; denn die Waaren wurden nach der Feinheit bezahlt. Aber der auch wirklich schlechter gearbeitet hatte, bekam doch nicht weniger als das volle Wochengeld, nnd eine freundschaftliche Ermahnung.

Wir giengen zurück, von dem Danke aller begleitet. Jedes wünschte Herrn Beyer allen Segen, und mir küßten fast alle die Hand. Ich

war so beschämt, daß ich gewiß öfters roth gewor: den. Ich fühlte es, daß ich nichts zum Glücke dieser Dankbaren beytrug, und doch nahm ich Theil an ihrer Empfindung, an ihrem warmen Danke. Auf dem Rückwege besorgte Herr Bayer noch die Pflege der armen Kranken.

Liebes Kind! sagte er zu mir: Wollen Sie die Mutter dieser Familie seyn, und ist es Ihnen, die Beschäftigung wohl zu thun, angenehm, so will ichs Ihnen abtreten. Ich kann den Gang nicht allemal verrichten, und meiner Frau möcht' ichs auch nicht so sauer machen.

Ich versicherte ihm, daß das die kleinste meiner Pflichten sey, aber der gute Alte wollte nichts davon hören, und betheuerte immer, daß es seine Pflicht sey, alles aus dem Wege zu räumen was mir nicht gefiele. Womit, meine Beste, hab' ich doch das Herz eines Mannes erworben, der im ersten Augenblick mehr als Vater mir wird? Ich glaube durch Armuth und Unglück. So ein Vater der Verlaßnen hat den Himmel schon auf der Welt. Er ruft mich schon wieder. Er will nicht, daß ich immer schreiben, immer traurig seyn soll; und ich, meine Liebe, ich fühle einen Wurm in mir, der nagt, und mich nicht heiter werden läßt. Lieben Sie doch immer

Ihre   Natalie.

Ein und dreyßigster Brief.

den 23ten Sept.

Waller an Karl.

Ich habe Deine Briefe in einer Stunde erhalten, die recht traurig für mich war. Ich

Ich gieng gestern etwas weiter als gewöhnlich, mein Spatziergang ist. Ich suchte Unterhaltung in den Veränderungen der schönen Gegenden. Ich fand auch vortrefliche Felder, alles benutzt, besser als man es hier gewöhnlich sieht. Ich vergnügte mich herzlich darüber. Meine Empfindungen versetzten mich in unsre Gegenden, wo alles so feyerlich ist, wo der Landmann seinem Felde auch die Schönheit einiger Bäume, und auch wohl ganzer Alleen überläßt. Ich nahete mich einer besonders schlanken Linde. Ich betrachtete sie mit einiger Aufmerksamkeit, und weil sie mir vorzüglich schön zum Verwachsen eines Namens schien, so nahm ich mein Federmesser, um Natalien darinn zu verewigen, als ich diesen Namen auf einmal schon vor mir sahe. So erschrocken war ich noch nie gewesen. Mein Herz zitterte! Wer sollte dieses gethan haben? Der Schnitt war nicht über 4 Tage alt. Sollte schon jemand etwas von meinem Aufenthalte wissen. Traurige Vorstellungen nahmen meine Seele ein. Der Verlust Natliens drang mit allen Reitzen — mit allen Vollkommenheiten, mit aller Tugend dieses Engels so tief in meine Seele, daß Thränen über meine Backen liefen. Mit der Beklemmniß habe ich ihren Verlust noch nie gefühlt — nie so ganz mich überzeugt gesehen, daß ohne sie mir die Welt so öde — so trübe seyn wird, wie der Todestag einer Braut ihrem Geliebten. Ich stürzte mehr nach Hause, als ich gieng, u. fand Deine Briefe; und die wirkten mehr, als alle meine Ueberwin-

K 4

dung

dung nicht konnte. Sie gaben mir einen wahren Trost — wahre Hoffnung — daß auch wohl für mich noch so ein Glück aufgehoben seyn könnte — Deine Fassung kam mir so lebhaft vor Augen, Deine Gedult in trüben Tagen kam mir so groß vor — daß ich mich schämte so klein zu seyn.

Bald kann ich Dir also zu Deiner Verbindung Glück wünschen — bald Dich meinen Bruder nennen? O mein Bester! Ich wußte wohl, daß meine Mutter Dich liebt, aber verdienst Du's nicht? Ich will Dir kein Lob geben. Dein Herz ist der Bürge des meinigen gewesen, und das muß Dir und mir genug seyn.

Könnte ich doch selbst die Freuden genießen, Euch verbunden zu sehen! Aus Euren Augen zu lesen wie Eure Herzen sich entgegen schlagen! Theil an allen den kleinen Freuden zu nehmen, die in Eurer Gesellschaft nicht fehlen können!

Dein Onkel hat mich recht ergötzt. Die Wonne seines Herzens muß alles übertreffen, was Empfindung erregen kann, und sein Glück muß wirklich dem Eurigen einen Zusatz geben, ob man gleich glauben sollte, daß nichts auf dem weiten Bezirke der Erde ihm etwas zusetzen könte.

So in Deine Wonne verloren, verlier' ich mich auch in ein Glück, das mir zwar nur zukünftig ist, und welches tausend Hindernisse aufhalten — Bösewichter bestürmen können — und vielleicht, o Karl! daß ich es nicht fürchten dürfte! ein Grab schon vernichtet hat. Und ist dieses, so beklage als einen Verlornen

     Deinen **Waller.**

Zwey und dreyßigster Brief.
den 24ten Sept.
Madame M* an Natalien.

Was für eine grausame Zeit, meine Liebe, ist es gewesen, die ich in der ängstlichen Besorgniß für Sie durchlebte! Und welchen Dank bin ich dem Pastor Bayer für die Großmuth schuldig, womit er Sie angenommen! Bleiben Sie ja jetzt wo Sie sind. Hüten Sie sich, Ihren Namen nennen zu lassen. Bey dem Baron ist alles in Bewegung. In allen Ecken forscht er, nur auf den eigentlichen Ort Ihres Aufenthalts fällt er nicht.

Wie klein ist doch der Mensch, wenn er niederträchtige Absichten durchzusetzen sucht. Herrn von Waller wollte er Steckbriefe nachschicken. Seine Leute hat er falsche Eyde ablegen lassen. Ihre Schwester bittet mich in allen Briefen um Nachricht von Ihnen — und ich kann sie ihr nicht geben; denn wenn ich auch ihrer Redlichkeit alles zutrauete, so bin ich doch nicht versichert, daß der Baron die Briefe nicht erbricht — eine Freyheit, die er als Herr des Hauses voraus zu haben glaubt, und die er ohne Scheu täglich unternimmt. Er hat seit der Zeit nicht gewagt zu mir zu kommen, dann so wenig auch meine Moral auf ihn wirken mag, so scheuet er sie unendlich, und er weiß wohl, welche Portion er alsdann zu hoffen hat. Er ist jetzt auf seinen Gütern, um da einige Veränderungen vorzunehmen. Dies kann ihn für Ihren Verlust schadlos halten. Sie kennen seine Neuerungen schon, wie sie ihm den Kopf einnehmen — vielleicht vergißt er Sie ganz, wenn ihm einmal ein neuer Plan aufstößt. Baron Robert hat auch einigemal geschrieben. Er verlangt aber ihren Aufenthalt nicht zu wissen, weil er überzeugt ist, daß sein Vater Ihnen zu viel thut — da er Ihnen herzlich gut ist, so wünscht er, daß Sie nicht entdeckt werden.

Riedel schreibt selbst an Sie, meine Liebe. Er hat seinen Proceß gewonnen. Sie werden über das gute Herz des Alten sich freuen.

Waller ist aus der Stadt weggezogen. Wohin, weiß man nicht. John ist noch in der Stadt. Der muß wohl wissen, wo sein Herr ist, ob gleich kein Wort von ihm heraus zu bringen ist. Er plagt mich auch oft um Nachricht von Ihnen. Mit gutem Gewissen kann ich Sie nicht verrathen. Es ist überhaupt besser, er sucht nach und nach durch die Entfernung sich von Ihnen abzugewöhnen. John sagt mir, er wäre ganz tiefsinnig.

Morgen, meine Beste, reise ich in die Stadt. Vielleicht, daß ich da nähere Nachricht von ihm einziehen kann. Leben Sie also indessen recht glücklich. Wenn keine Gefahr zu befürchten wäre, so würde auf der Rückreise Sie besuchen

Ihre getreue Amalie.

Drey und dreyßigster Brief.
den 20ten Sept.
Riedel an Natalien.

Gnädige Fräulein!

Da ist mir doch so wohl, meine gnädige Fräulein, daß ich Sie wieder so wohl, gesund, und

und in so guten Händen weiß. Herzlich gerne hätte ich Sie unter meinem Dache behalten, aber das hat nun der Himmel nicht so haben wollen. Da hab' ich aber den Baron verklagt, und wollte auch Satisfaktion haben vor Sie, so, wie vor meine Tracht Prügel, die ich gewiß unverschuldet habe einnehmen und verdauen müssen; und da haben mir die Herren Richter von der Regierung ein Pflaster von tausend Thalern gegeben, das soll der Baron verfertigen, und mir binnen acht Tagen ins Haus schicken. Das wäre nun wohl etwas. Denn er hat's Geld lieb, und alles wäre gut, wenn er nur einsehen könnte — wie die Richter so unbillig verfahren, und für einen hochadlichen Staupenschlag noch tausend Thaler mir zugeben könnten; denn seiner Meynung nach, ist so eine Motion seines Stocks ein große Ehre für mich.

Wie's aber an Ihre Sache kam, weil Sie nicht selber zugegen waren, so macht' er alle Arten von Lügen, und ließ zwey Bediente auftreten, die mußten schwören, daß Sie gutwillig mitgegangen wären. Aber mein Gesicht hätten Sie sehen sollen, wie die Kerls schworen. Ja! so'n Eyd — so offenbar falsch — hu. Mich fängts an zu frieren, wenn ich daran denke; und sehn Sie, da sind Sie leer ausgegangen. O, das ist ein boshafter Mann! Was er noch alles von Ihnen sagte: Sie wären mit andern gelaufen, und mehr Schlechtigkeiten, die ich gar nicht nacherzählen mag. Aber nun, wenn ichs Geld kriege, wo soll ich mit hin, denn ich brauchs nicht

— und wills nicht; und da Sie, meine liebe gnädige Fräulein! doch am meisten dabey gelitten haben, so dächt' ich, Sie nähmen's mir ab, denn gewiß und wahrhaftig, ich behalt's nicht. Sie können ja damit machen, was Sie wollen, und gehört Ihnen auch gewiß, nach allem guten Gewissen. Also schreiben Sie mir doch, ob ichs der Madame M. abgeben soll, die wirds Ihnen schon zustellen. Die gute Frau hat sich auch genug geängstiget, und ich werde meine Angst nicht los, bis ich's Geld los bin. Denn meine Schläge sind vergessen, und um Ihrentwillen wollt' ich ja wohl noch mehr Schläge aushalten, als die, wenn's so zu Ihrer Errettung nöthig wäre, meyn' ich, sonst lieb' ichs eben nicht. Also, Ihre Antwort, daß Sie das Geld haben wollen, meine gnädige Fräulein, und viel Freude für die Zukunft — Das ist der redliche Wunsch Ihres

alten bekannten Riedel.

Vier und dreyßigster Beief.
den 24ten Sept. 72.

Carl an Waller.

Nun haben wirs gut gemacht, Waller! Der Alte will nicht, und nun sind wir wieder so weit als vorher. Wenn doch die Freude in uns einmal wirkt, so sind wir wie verrückt, wollen oben hinaus, nehmen keine Warnung, keine Lehre an, verbrennen die Flügel, fallen und zappeln nun unten. Bald, Waller! bald werde ich ungedultig.

Aber

Aber 's ist doch auch schrecklich. Wenn die Kinder so in aller Einigkeit ein Königsspiel anfangen, und wählen so den ruhigsten, den besten unter sich zum Anführer, und da kömmt so ein Kribbelkopf, dems verdrießt, daß er nicht der erste ist, und sagt: Ne — ich mag nicht spielen, und alles mußt denn wieder auseinander. Einer läßt den Kopf auf diese, der andere auf jene Seite hängen, und der König geht traurig nach Hause — so machts einen Eindruck auf dem, der's sieht, daß ihm das Herz weh' thut.

Just so, Waller, kömmt mirs jetzt vor. Der Alte hat keine Ursache — aber laß Dirs erzählen.

Gestern gehen wir zusammen, der Alte, Karoline und ich zu meinem Onkel — keins zweifelte am glücklichen Ausgang, und mein Onkel hatte sich vorbehalten, Karolinens Vater um seine Einwilligung zu bitten. Ich gieng mit ihr im Garten, und liessen die Alten allein. Es war ein angenehmer Tag. Es fiel uns ein zu fischen. Wir nahmen Angeln. Karoline zog gleich einen großen Karpfen; er dauerte ihr sehr. Alles, sagt sie, ist heute vergnügt — auch kein Fisch soll sein Leben verlieren.

Sie machte ihn los, ließ ihn ins Wasser und warf die Angel weg; ich that desgleichen. Indem ich vom Wasser zurück trete, trete ich aus Versehen auf ihren kleinen Hund, daß er laut schrie.

O weh, Karl! was hast du gemacht? sagte sie. Sie nahm ihn in ihren Schooß, er schrie immer noch. Ich

Ich ärgerte mich, daß ich mich hätte ins Wasser stürzen mögen über meine Tölpelhaftigkeit. Ich weiß nicht, was ich darum gegeben hätte, wenns nicht geschehen wäre. Ach, Karoline! rief ich aus, das ist kein gutes Zeichen.

Sie streichelte immer das leidende Thiergen, und sagte: Grämen Sie sich darüber nicht — Das ist ein Zufall wie ein andrer. Nur dauerts mich, daß es heute leiden muß. Lassen Sie uns herauf gehen. Wir giengen.

Wie wir hinauf kamen, sassen die beyden Alten und murrten einer gegen den andern. Das gab mir Gift in alle Adern — Und Karoline — sie feuerte — und erblaßte wieder. Wie mein Onkel uns sahe, kamen Thränen in seine Augen.

Eine kleine Mißhelligkeit, meine Kinder, sagte er ganz wehmüthig — ihr Herr Vater will ihre Adoption nicht zugeben; Karoline und ich muß gestehen, ich kanns ihm nicht verdenken. Sein Name ist auch ehrlich. Der Alte antwortete etwas verwirrt: Nicht deßwegen, gnädiger Herr. Ich schäße Sie, und die Verbindung mit Ihrem Hause ist eine Ehre — Setzen Sie das beyseite. Mir wär's ein Vergnügen gewesen, unsre Kinder glücklich zu machen. Aber da Sie nicht wollen — Etwas lebhaft antwortete Sellmann — Nicht will? Herr! Ich kann nicht.

Das wurmte mir, das nicht können. Nein, Herr! mit allen Respekt von ihren Vollkommenheiten: Aber das war Lüge. Er kann nicht. Ich erwiederte etwas hitzig: Und

Und warum, lieber Herr Sallmann! können Sie nicht? Warum? Ja, Herr von Beck, wenn ich ihnen das sagen könnte, so würden Sie mich vielleicht nicht beschuldigen dürfen, Ihr Glück gestört zu haben.

Wie man doch einer Sache den Anstrich vom Guten geben kann, die im Grunde recht böse ist, oder gewiß dem Anschein nach seyn muß.

Mein Onkel sagte ganz gelassen:

Ereifern Sie sich nicht, Herr Sallmann. Sie können uns die Ursachen nicht sagen, und das muß uns genug seyn. Thaten Sie nicht alles, was Sie konnten? Siehst Du, Karl, noch immer steh'ts bey Dir. Herr Sallmann will Dir Karolinen geben, aber ohne Adoption. Ich bin ein alter Graukopf — werde mich freylich ein bisgen grämen, Dich und alle Hoffnungen meines Hauses, die allein auf Dich beruhen, zu verlieren. Alles so dahin fahren zu sehen, als wär's gar nicht gewesen. Doch, daß Du Karolinen vergessen solltest — das kann ich auch nicht verlangen.

Karoline. Und ich, gnädiger Herr, werde nie darein willigen, daß Ihre alte Tage, mit Kummer bestreuet, Ihnen durch mich Tage des Mißvergnügens werden.

Sallmann, schon gerührt. Der Himmel weiß, sagt' er, ich bin unschuldig. Ich wollte Sie gern glücklich machen. Warten Sie einige Zeit. Ich will mich darauf bedenken.

Ich gieng mit Karolinen nach Haus. Er folgte nach. Der Aufschub machte uns Hoffnung. Aber wir waren doch trübe. Wie

Wie ich zurück kam, weinte mein Onkel.

Ich muß Dir vielen Kummer machen, mein Sohn. Ich bin Deinem Glücke zuwider — und ich finde fast, daß ich Unrecht habe. Aber verschließe ich nicht unsrer ganzen Familie den Weg zu den höchsten Ehrenstellen. Sallmann! Sallmann! Du bist sonst der vernünftigste Mann, warst immer so ein reeller Kerl — und nun — nun — ach Karl! das ist traurig.

Aber, noch hat er uns Hoffnung gemacht —

Ja — Hoffnung! Er wills freylich nicht so auf einmal verderben — Er denkt auch, es macht euch Kummer. Aber so rein, so deutlich sagt' ers mir, daß er nicht könnte, daß ich nichts thun kann, als Dich bedauren, Karl!

Wir waren den Abend beyde sehr still. Nach Tische gieng ich noch im Garten — am Teich, und da schwamm der Karpfe oben und war tod. Es war viel Blut zu sehen; wie ich den Fisch aufnahm. So konnte alle Güte — alle Liebe, die Karoline vor Dich hatte, Dich nicht retten — armes Geschöpf! Morgen will ich's ihr sagen.

Das Ding machte mich ganz warm. Ich war in einer heftigen Wallung, und meine Gedanken waren dem Murren nahe. Just weil wir ihn erhalten wollten, gieng's nicht. Sonst bleiben so viele, die die Angel mit herunterreißen. Den andern Morgen gieng ich zu Karolinen — Finster war ihr Auge — ihr Blick schien durch Nebel auf mich zu fallen.

Ich erzählte ihr die Geschichte des Karpfens — Wozu soll ichs Ihnen verhehlen, sagte sie weinend, mein Hündgen ist auch hin. Ein unglücklicher Tag, Carl!

Ich sprung auf, meine Faßung verließ mich. Ich schlug mich vor die Stirn und warf mich fast sinnlos in einen Armstuhl. Sie weinte stärker — und mein Herz war zum Springen gedehnt. Ach! lassen Sie von mir Karoline, sagte ich! Ich bin zum Unglück gebohren, und ich ziehe Sie mit in das meinige.

Karoline. Was können Sie, Theurer, dafür? habe ich nicht so viel Unglück wie sie? War der Fisch weniger als mein Hund? Oder wars nicht bey mir eher Vorsatz als bey Ihnen? Die Angel nahm ich gewiß nicht umsonst. Aber Carl! — nie wieder angeln, so viel Vergnügen mir's auch macht.

Ich. Karoline! Da müssen Sie allem entsagen. Nichts — fast nicht eine unsrer Handlungen ist so beschaffen, daß sie nicht einem andern lebenden Geschöpfe schädlich wäre.

wäre. Das ist so der Wille des Schöpfers. Jeder Athemzug von uns haucht Tod für kleinere Geschöpfe. Jeder Tritt auf dem Felde tödtet seine Bewohner. Und was war mir der Fisch. Ich liebte ihn nicht. Er konnte mir nicht liebkosen, mir keinen Zeitvertreib machen; er war mir gleichgültig.

Karoline. O Carl! Machen Sie mir keine Vorwürfe. Ich kann's nicht läugnen, ich hatte auch die Schwachheit unsers Geschlechts. Ich suchte Vergnügen in dem Thiergen. Aber weg davon. Ich habe wichtigere Entdeckungen, die trauriger sind. Wir werden noch lange ein Spiel des Schicksals bleiben. Mein Vater versichert mir, daß aus der Adoption nichts werden könne. Lassen Sie uns also alle unsre Kräfte zusammen nehmen, gelassen und standhaft zu seyn.

Ich. Ihr Vater, Karoline, ist ein harter Mann. Nie hätte ich geglaubt, daß er noch das Hinderniß unsrer Verbindung seyn würde, nachdem ich alles überwunden, alles aus dem Wege geräumt. Mein Onkel weint um ihn

ihn — aber nur Thränen des Mitleids für uns. Sie verlieren Karoline eine Mutter, ich einen Bruder. Wir haben die Familie in unsre Vortheile gezogen, und nun beschimpfen wir sie. Karoline suchte alles hervor, ihren Vater zu entschuldigen. Aber ich war so betäubt, so außer mir, daß mich alle Gründe nicht überzeugten.

Nein, Waller, Stolz war's — Aerger darüber, daß ich ihn nicht zuerst gefragt? O Waller! Wann wird der Mensch einmal lernen, seine Leidenschaften, dem Glücke anderer aufzuopfern? Wenn wird die Zeit kommen, da man es nicht als ein Nebenwerk ansieht, Geschöpfe um sich herum aus den vielen Bedrängnissen zu reissen, die sie drücken — so zufrieden sie zu machen, als sie der Schöpfer schuf.

Seitdem dies fehlgeschlagen ist, geht mein Onkel herum, als wenn er vor'n Kopf geschlagen wäre. Er spricht fast kein Wort mit mir. Er sieht mich an, seufzt, läßt dann und wann eine Thräne fallen, und alle möcht' ich sie aufküssen.

Was ist für ein Unterschied zwischen ihm und andern seiner Art? Ich sehe seinen innerlichen Kampf um mich, seine Drängung, mir zu sagen, daß ich sie nehmen soll, sein Mitleiden über meinen Zustand, alles blose Folgen eines empfindenden Herzens — und auf der andern Seite das ganze System von Stolz und Erhabenheit, das von Jugend auf, ihm eingeprägt, alle eigne Handlungen seines ganzen Lebens leitete, das ihm selbst so manches Glück ausschlagen ließ, ihm in der Liebe Hindernisse legte, die er auch stoisch überwand, und endlich nach einer fruchtlos für sich durchlaufenen Bahn voll Mühe und Arbeit, ihm alle Hofnung, allen Stolz seiner Familie auf mich übertragen ließ, die nun nichts, gar nichts mehr sind, weil er sieht, daß ich entweder Karolinen oder gar nicht heyrathen werde.

Soll man den Mann nicht hochschätzen der nach sechszig unempfindlich durchlebten Jahren, noch im ein und sechszigsten alle Fülle seines guten Herzens, aufdeckt — seinen einzigen Fehler — seine Lieblings-
Nei-

Neigung — sein Gebäude von Hoheit beyseite setzt, um seine Jahre, die von menschenfreundlichen Handlungen gehäufet waren, mit den reinsten rechtschaffensten zu krönen — Denn gewiß, Waller gewiß, er thuts noch. Er entsagt allen, und ich — ich kann ihm zu gefallen, nicht Karolinen entsagen — nicht meine Leidenschaft — Nein Waller — nicht Leidenschaft — wahre reine Liebe, und die kann, die darf ich auch nicht verläugnen, wenn ich nicht aufhören will, ein empfindendes Wesen zu seyn — aufhören will zu fühlen, was die reinste Engelliebe — was das sanfteste, edelste Herz, was der Inbegrif aller Vollkommenheiten in Karolinen auf mich wirkt.

Wünsche mir also noch nicht Glück zu meiner Verbindung. Wünsche daß alle Hindernisse gehoben werden — erst dann kanst Du es. Blind war ich, sah' sie nicht — glaubte schon ganz am Ziel zu seyn — und konnte nicht denken — daß es Irrwische giebt — die mit falschem Schein einen blenden — und eben wenn man zu nahe dabey ist,

ist, vom rechten Weg abführen. — Nun bin ich wieder der Verirrte, habe mich abermal verführen lassen, rasch zu seyn — und suche nun beschämt den Rückweg zur Gelassenheit und Standhaftigkeit, wo noch mancher schwere Tritt in Dornen und Steinklippen mich aufhalten wird — wo das Andenken an Sallmanns Untreue mein Widersacher ist.

Gute, tröstende Nachrichten von dir werden viel beytragen, mich ruhig zu machen. Verzeihen mußt Du mir aber, daß ich so wenig von Deinen Angelegenheiten schreibe — daß mein Herz so überfliessend von mir selbst, von meiner traurigen Lage gegen Dich sich ergießt. Nicht weniger nimmt an der Deinigen den wahresten Antheil

Dein

Carl

Fünf und dreyſigſter Brief.
Den 25ſten Sept. 1772.

Natalie an Riedel.

Alter, ehrlicher Freund!

Ihr Andenken — Ihr warmes väterliches Andenken an mich — hat alle Röthe der Undankbarkeit über mein Geſicht verbreitet — Ich, lieber Alter, hätte an Sie ſchreiben — hätte mit voller Seele meinen beſten, meinen reinſten Dank über Sie ausſchütten ſollen — und noch ehe ich dieſe Schuld abgetragen, kommen Sie in der neuen Geſtalt der Grosmuth mich mit Wohlthaten zu beſtürmen. Guter, beſter Mann! Retter meines Lebens — wie habe ich das um Sie verdient?

Dank Ihnen — Beſchützer der Unſchuld, daß Sie meine Ehre auch öffentlich vertheidigt, Sie haben der Welt einen Character geöfnet, den jeder verabſcheuen muß — Sie haben den Baron in einem Lichte dargeſtellt, das vielen die Augen öfnen, viele vor den

Abgrund warnen wird, dem sie in seinen Versprechungen entgegeneilen, und Sie haben die Probe gegeben, daß vor den Augen des Richters nicht Adel, nicht Hoheit eine gewaltsame Handlung entschuldigen kann, die der Menschheit, Schande ist.

Sie haben für mich gelitten — Sie sind beschimpft, gemißhandelt worden. Armer Freund! Wie hat mein Herz geblutet, da ich es hörte. Wie viel Thränen — heisse Thränen habe ich für Sie vergossen. Wie gerne hätte ich das alles selbst gelitten — Und wenn ich alles Unrecht vergessen kann, was mir der Baron erwiesen, und wenn ich die Pflicht auf mir habe es zu vergeben, so kann ich doch nie das Unrecht vergessen, was er Ihnen um meinetwillen gethan — die grausame — schändliche — viehische Handlung.

Und der Verworfne wundert sich noch, das ihn der Richter straft? Wundern solt er sich, daß nicht der Himmel stürzt und ihn zerschmettert, der Himmel der sieht wie er der Unschuld spottet, und der Gerechtigkeit lacht. — Mein Blut kocht, wenn ich daran

zu=

zurückdenke — denke an das Elend meiner Familie, durch ihn verursacht — denke an alle die Schande — die er über mich dachte — Sein Gesicht je wieder zu sehen — wäre mir Marter."

Das Geld — alter redlicher Freund — das Geld kann ich nicht nehmen. Ich gestehe es zur Belohnung für Sie ist es soviel als nichts — aber nutzen, anwenden zu guten Handlungen können Sie es — können es ansehen als ein Almosen, das der Ungerechte, der der Armuth lacht, auf einmahl für so viel versäumte Gelegenheiten gab. Nach ihrem Gutbefinden Freund, theilen Sie aus, an solche die von den Reichen verspottet, in Niedrigkeit seufzend kummervoll ihr Leben dahin schleppen — an solche die schamroth werden, eine Gabe für ihr Elend zu fordern, und lieber alle seine Schrecken auf ihren Schultern tragen. — Wolten Sie nur forschen — nur Elende suchen die es durch ihn, den bösen Mann geworden — o! da würde dieses nicht hinreichen, sie alle zu versorgen — und die Sie nicht versorgen könnten schickten Sie dann hierher — hier wo ich bey einem Vater der Dürftigen wohne — der auch mir armen verlaßnen Mädgen ein Vater ist.

Ihre Belohnung Freund, wird seyn wie die seinige. Immer sehe ich auf seinem Gesichte, das Lächeln der Zufriedenheit — eine Begleiterin seiner grosmüthigen Handlungen, und diese Zufriedenheit wird auch Ihre Begleiterin seyn. Aller Seegen des Himmels wird über Sie kommen — daß Sie mich aufnahmen, und die Schmerzen — die Leiden die Sie für mich ausgestanden, wird Ihnen zu vergelten — zwar nur durch kindliche Liebe, durch immerwährenden Dank — durch die reinsten Wünsche für Ihr Wohl zu vergelten suchen, die Ihnen ewig verbunden ist.

Natalie von S.

Sechs und dreyſigſter Brief.
Den 28ſten Sept. 1772.
Waller an Carl.

Der Menſch iſt ein Thor — ein Undankbarer — ein ſchwaches wankendes Geſchöpf,
daß er die Wege der Vorſehung meiſtert —
daß er nicht ſchnurgerade ſeiner Beſtimmung
nachgeht, und all' die krickelichen Gedanken
von Elend, Unglück, beſonderer Beſtimmung
zum Leiden ſich aus'n Sinn ſchlägt. Sich
plagen, grämen — unſer Schickſal verwün-
ſchen, zum Elend gebohren ſeyn — das iſt
ſo unſer Text, worüber wir räſonniren, wenn
da zwey Wege ſind, wovon wir den unrech-
ten gegangen, und alſo natürlich aufs unrechte Fleck gekommen — daß aber das alles
ſich wieder einbiegen kann — daß auch ein
menſchenfreundliches Geſchöpf uns begegnen
kann — um den rechten Weg zu zeigen, und
das mehrentheils über all' unſre Erwartung,
das fällt uns gar nicht ein —

Ja,

Ja, Carl — ich bin außer mir — hab' alles, alles wieder, habe meine Natalie gesehen, gesprochen — hab sie in der Nähe, kann sie alle Tage sehen — sprechen — ohne Furcht, ohne Gefahr — bin ganz hingesunken in ihr schönes herrliches Auge — in ihr liebevolles gütiges Herz — hab' mich verlohren in ihre Seele, habe gesehen, daß sie auch für mich fühlt, nicht unempfindlich bey meinem schmachtenden Sehnen nach ihr ist — Bin nun wieder so ganz mein — ganz zufrieden mit allen nm mich — daß ich dirs gar nicht beschreiben kan.

Wie ich sie erblickte, glaubt' ich eine andre zu finden, nahm mit Kälte den Antrag meines Begleiters an, seine Pflegetochter, die Jungfer Müllerin zu sehen — durfts doch nicht abschlagen, und wie ich denn sah — daß Natalie da vor mir stand, fiel ich in ihre Arme, sie in die meinigen — O wie zitterte sie an meiner Brust, wie wankte sie als ich sie los ließ, um ihr Erhohlung zu verschaffen. Ich wußte nicht, ob ich im Paradiese war — Meine Augen konnten Sie auch nicht

nicht verlaſſen — Wir ſtotterten beyde und vermochten nicht dem geſpannten Herzen Luft zu machen. Händedrücken war alles — Endlich ſchlichen einige Freuden Thränen aus Nataliens Auge und ſie wurde leichter. Mir war's auch beſſer. Ich erzehlt ihr, daß ich in der Nachbarſchaft wohne — und ſie bat mich heute ihrem Herzen Erholung zu laſſen — heut könn' ſie nicht mit mir ſprechen, nicht ihrem Herzen Zwang anthun — und doch wiſſe ihr Vater nichts von unſrer Bekanntſchaft — ſie müßte ſich erſt gegen ihm entdecken — morgen ſolt ich kommen — Mir war's ſelbſt als würd' ichs nicht aushalten — nicht ihren Anblick ertragen — ich gieng — der Alte ſtand wie erſtart — So lang ich ſie ſehen konnte, gieng ich faſt rückwarts und auch wie ich ſie nicht ſehen konnte, ſtand ſie noch vor mir — Alſo morgen, morgen — o ſeliger glücklicher Tag —

Jetzt erſt beſann ich mich, daß eine ganze Menge Leute dem Auftritte zugeſehen — wer ſie ſind — was ſie dachten — das weiß ich ſo wenig als wie ſich das alles endigen wird.

Im

Im Zurückgehen war mir jeder Baum ein Freund — jedes Gräsgen nickte mir Willkommen — Glück zu — ich verweilte mich bey jedem Anblick eines schönen Platzes der einmahl mir und Natalien zum Ruheplatz in unsern künftigen Spatziergängen dienen könnte, und so wie das menschliche Herz immer voll, wonnetrunken ist, wenn unerwartetes Glück es in Bewegung setzt, träumte ich mich in ein Leben voll Seligkeit hinein, daß ich mich selbst kaum wieder herausfinden konnte. Zwey Stunden war ich einen Weg gegangen, den ich sonst in einer Viertelstunde abgelegt haben würde, hatte jedem Baume den Namen Natalie mitgetheilt — der dessen werth zu seyn schien, — wohl hundertmal im Sande ihren Namen gezogen — und darüber vergessen, daß die Nacht einbrach. Meine Beschäftigungen diesen Abend waren verschieden. Bald holt' ich ein Buch — das schmeckte nicht — dann schrieb ich — auch das gieng nicht — und was ich heute noch für Freude, für trunkner Wonne vornehmen werde, weis ich nicht. . . .

Mor-

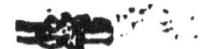

Morgen schreibe ich wieder — will dir alles sagen, was meine theure, meine vortrefliche Natalie betrift.

Waller.

Sieben und dreyſigſter Brief.
Den 30ſten Sept. 1772.

Hr. Bayer an ſeinen Bruder.

Haſt mir da was ſchönes ins Haus gebracht! habe nun wieder meine Noth — Verliebt! verliebt iſt die Natalie, das ſchöne Fräulein — Sieh doch — Davon erfährt man nichts — Unſer einer braucht das nicht zu wiſſen Da gieng ſie geſtern hin, meinen Pflänzgen das Wochengeld auszuzahlen — flink wie ein Luftvögelgen. Eine Stunde hernach ſchlendre ich langſam hinterher. Denn ſie hat mich ganz weg — Ich ſehe nichts lieber als das Mädgen. Kömmt mir da in Weg ein rechter ſchöner junger Menſch, ſimpel gekleidet, ſo traurig, als

wenns

wenns Liebgen verloren wäre (wie's denn auch war) Der junge Mensch dauerte mich. Ich sprach an — frug, wo die Reise hingehen sollte? „Ach! sagt' er, nicht weit. Ich gehe wieder nach Haus. Ich habe nur hier die schönen Felder bewundert — Hier muß ein rechter braver Landmann wohnen, der das so bauen läßt. Recht im Herzen freut's mich, alles hier so beartet, so wohl zu sehen wie in meinem Vaterlande. Das ist auch mein einziges Vergnügen hier — „Ja, Herr, man siehts ihnen wohl an, daß sie keine lustige Tage haben — Aber könnten sie's nicht? Hat nicht unser Herr Gott alle diese Felder — die Bäume, die schönen Gegenden auch für sie gemacht — Auch sie sollen ihre Augen daran weiden — ihre Lust haben, seine Werke zu bewundern, und aus der Natur all das schöne vollkomne recht auszusaugen. Sehn sie, das kann Traurigkeit in Fröhlichkeit verwandeln.

„Ja, guter Alter; wenn's Herz froh ist, wie ihr's bey solchen Gesinnungen seyn muß — da geht's freylich — „

„J nu

I nu — Ich weiß nicht was ihr Herz drückt — verlangs auch nicht zu wissen — Aber wenn auch nicht alles nach Wunsche geht — wenn trübe Wolken das Leben dämmern, das Helle nicht so sich in unsrer Seele ausbreiten kann — wie sonst — so muß man nicht gleich überbrausen — verzagen — in Unthätigkeit dahin trauren — hübsch Zerstreuung, Beschäftigung gesucht, besonders wenn man so jung — so nutzbar ist. Kommen Sie mit, sagt ich, sehen Sie meine Leute die hier dieses Feld gebaut haben. Auch habe ich eine hübsche junge Pflegetochter, eine Mamsel Müllern aus Teutschland, die hat auch immer so Grillen, ich mach ihr aber brav zu thun. Kommen Sie nur. Sie sollen da viel Gutes sehen.

Er hatte keine rechte Lust. Endlich ließ er sich bewegen. Ich habe schon von ihm gehört, er hat da des Herrn von R. einzeln Quartierhaus gemiethet, und so immer vor sich weggesummet wie eine unnütze Wespe. Wir sprachen nun noch etwas vom Schicksal der

der Menſchen, und konnten gar nicht einig werden, denn er wollte immer Unglück und ich Glück behaupten, und da diſtinguirten wir ſo lange, bis es immer aufs alte hinauskam. Er blieb unglücklich und ich glücklich.

Wie wir endlich hinkamen, und ins Waarenhaus eintraten, ſo ſtand mein Engel da, ſchaute um, und wie ſie ſich ſahen, liefen ſie ſich auch ſchnurſtracks in die Arme wie Bruder und Schweſter — nicht. doch! wie 'npaar Liebgen — denn ſie verloren beyde die Sprache — Natalie, rief er — und Waldhorn rief ſie — nachher erfuhr ich aber, daß es Waller heiße — Nun erſt hiengen ſie da aneinander wie Kletten — und ſahen aus ſo traurig wie gemahlte heiligen Bilder — und ich ſtand da wie der Stock den ich in der Hand hatte — Das war mir eine ſchöne Jagt. Vor aller Menſchen Augen — denn alle Einwohner waren dabey — nun hätte ich brav gezankt, aber vorn' Leuten wolt' ich Natalien doch nichts ſagen — ſchwieg alſo und ſah da meinen Specktakel, denn wie ſie auseinander
waren,

waren, gab er ihr 'n rechten Herzens-Kuß, daß mir ganz warm wurde — Ha! Vogel, ist daß die Traurigkeit — Hm! Gelt nun ist Feld und Baum, und Herz und Muth alles wieder frisch, dacht' ich.

Endlich sprachen sie noch einige verliebte Turteltäubgens-Worte; (denn die versteht kein andrer Mensch) und da schied er mit nassen Augen davon. Nun wie wir rückwärts giengen, erfuhr ich die ganze Pastete, daß das der junge Herr sey, um dessentwillen der Baron sie fortgejagt. Jedes Ding hat doch auch seinen Haken, sagt ich ihr. Das ist nun wohl nichts unrechtes — aber — Nun hättst du das gute Worte geben und Zureden und Demonstriren sehen sollen — und giengs Mäulgen immer Plapperdiplap bis ich ja sagte, daß er heute wieder kommen könnte.

Nun heute kam mein saubrer Zeisig auch, geputzt, munter, rosenrothe Backen — gar nicht mehr so kopfhängerisch und so krickelich, und so ganz unglücklich — Ich sagts denn auch wacker — daß er gestern so gesprochen,

und von nichts als Jammer und Elend ge-
faufelt, und gab ihm manche derbe Lehre da-
zwischen — Da schwatzt er nun freylich viel
anders, und wußte seine Worte so gut zu
drehen, daß ich ganz munter und aufgeräumt
wurde. Den ganzen langen Tag mit ihr
herumgeschlendert, im Garten, und im Wäldgen — und da laß ich sie auch lieber alleine
gehen — denn sie sehen unser einen doch
nicht gerne dabey.

Aber ich bin dem Mädgen herzlich gut.
Letzthin kam ich auf ihre Stube, ich sah da
einen Brief offen liegen. Sonst ist nun meine Sache nicht Briefe zu lesen — aber da sie
einmal als meine Tochter anzusehen ist, so
denk ich, kann ich mich auch wohl um sie bekümmern. Ein recht herziger Brief an den alten Riedel, der sie bey sich gehabt hat — hat
auch mich gelobt darinn, und sagt, ich wäre
ihr Vater. Die Treuherzigkeit gefällt mir.
Ueberhaupt ist das gar zu schön, daß sie ohn
allen Stolz, und so ofnes Herzens ist, solche
Menschen sind immer die besten. Suchen
einen

einen alles an Augen abzusehen, was sie einem zu Gefallen thun können.

Der junge Mensch scheint auch recht sittsam und gut. Wollen ihn aber erst besser prüfen. Ist er gut, nun so kann auch wohl was Guts draus werden, wenn die beyden zusammen kommen.

Leb wohl Bruder, und grüß deine Leute, von deinem

aufrichtigen Bruder
Bayer.

Acht und dreyßigster Brief.

Den 29sten Sept. 1772.

Waller an Carl.

Ists Bestimmung Carl, daß wir nie zusammen glücklich seyn sollen? Kaum hab' ich mich recht gefreuet, daß dies alles nach Wunsche gehet, so ists wieder vorbey? Und nun eben jetzt, da nichts zum vollen Maaße meiner

ner irdischen Seligkeit mehr mangelt, als die Deinige. Tröstungen sind nichts, die geben nur Erinnerungen — Hofnungen kann der Glückliche schon geben — so dacht' ich sonst — Aber jetzt hab ichs einsehen gelernt, daß Hofnung keine so dumme Sache ist, als man glaubt', wenn man unglücklich ist. Laß Dirs also immer gefallen, daß ich Dir sage: Du wirst gewiß noch glücklich werden. Dein Onkel wird einwilligen oder Sallmann wird von seinem Eigensinn weichen.

Ich muß dirs aufrichtig sagen — In Sallmann hätte ich die Tücke nicht gesucht — Alle die Bemühungen für das Glück seiner Tochter — Die Liebe, ja die Ehrfurcht, mögte ich fast sagen, womit er ihr begegnet, da er all ihren Wünschen zuvorzukommen sucht — hätten mirs gewiß gemacht, daß er ihr Glück nicht von sich stossen würde. Ich mag auch rund um denken wie ich will, so kann ich keine Ursache finden. Meine Mutter wird sich gewiß kränken. Reise wenigstens selbst mit Karolinen zu ihr. Dein Onkel wird dies zugeben.

Ich

Ich habe die ganze Nacht nicht geschlafen und befinde mich doch munter. Jetzt brachte John Deine Briefe — In einer Stunde gehe ich zu ihr — Carl — mein Herz klopft wenn ich nur daran denke. .

John verstaunte fast wie ich ihm sagte, daß er nun hier bleiben könnte. Endlich sagt' er — Sie haben gewiß die Frölen finden gethan, denn sie sind so munter, wie sie sonst nimmer zu seyn pflegen thun.

Ich erzählts ihm denn, und er freute sich herzlich — O Carl — das ist was herrliches um einen theilnehmenden Gesellschafter, wanns auch nur ein Diener ist. Hat er ein gut Herz, eine unverdorbne Empfindung, so ist er dem Herrn mehr werth als aller Wust von Schmeichlern. Dieser ists um destomehr da ihn das böse Beyspiel des Barons nicht hat verderben können.

Abends 9 Uhr.

Das war ein ganz vollkommner Tag, Carl — wie einer der ersten seligen im Paradiese — so traumte ich mirs nicht als ich

von dir weggieng — Sie empfieng mich an der Thür mit einem so warmen herzlichen Kuße, das ich um diesen Augenblick nicht alle Güter der Erde nehmen wollte. Wie ist sie so sehr von dem alltäglichen Schwarme der Schönen unterschieden — Da ist nichts an ihr, was der Natur entspräche, alles so frey, so ungezwungen wie am ersten Tage der Schöpfung — Wie ich zuerst mit ihr spaziren gieng, da bezauberte sie mich — aber jetzt Carl — jetzt bin ich nicht mehr ich — ich bin ganz sie — sie ist schöner, blühender, sie ist munterer — kein Zwang trübt ihr Auge, und läßt es matter zur Erde sehen — keine Furcht zieht Falten über ihre Stirn, und bringet Seufzer aus ihrer Brust —

Sie führte mich ins Zimmer ihres Wohlthäters — Wie schämt ich mich meiner gestrigen Unzufriedenheit — meiner Ungeduld — meines matten, rohen Betragens gegen den redlichen Alten, da er mich zu sich bat. Und der gute treuherzige Mann las mir auch keine kleine Predigt — Natalie war dabey wie auf Kohlen.

Wie

Wie wir allein waren, sagte sie — Nun Waller, das war schön, daß sie dem Alten nachgaben, denn hätten sie das nicht gethan, so hätt' ich sie nicht lieben können. Sie wurde dabey feuerroth —

Balsam in meine Seele war das, Carl — Denn wenn die Unschuldige auch nicht das Lieben so nahm wie ich, so sahe ich doch, daß sie mich schäzte.

Dieser Morgen wurde mit Erzählungen des Vergangnen, mit kleinen Liebkosungen von meiner Seite, und eifrigen Freundschaftsbezeugungen von der ihrigen verbracht. Aber mein Herz wollte mehr — es drängte sich, es wollte alles, alles ihr sagen, was es seitdem gefühlt — gelitten hatte — und was nöthig wäre, wenn es nicht mehr leiden sollte — Wenn ist der Liebhaber wohl zufrieden — Nicht eher, Freund, bis der lezte seiner Wünsche erfüllt ist —

Der Alte ladete mich ein den ganzen Tag bey ihm zuzubringen, wenn mir die Zeit nicht lang währte —

Die Zeit lang währte — Welchem Menschen währt wohl die Zeit lang, der denkt — Aber gewiß dem am wenigsten, der sein Liebstes bey sich hat — Dem rollen die Tage dahin, wie das Licht einem ellenden Wandrer verschwindet. Ich faßte mir ein Herz —

Herr, sagt' ich, wenn Sie aus Augen lesen können — so müssen sie's lesen, daß sie mir nicht lang währt, und daß mein ganzes Leben mir nicht lang währen würde, wenn die Theure mein wäre.

Natalie wurde feuerroth — Der Alte sagte: deutlich genug ausgedruckt — Wir giengen zu Tische.

Ich kann dir nicht sagen, wie mir der Mann gefällt — So was edles, großes, festgesetztes in jedem Blick, Wort und Handlung — So richtige Schlüsse, so viel Herzenskenntniß — Ich glaube er wußte, was ich Natalien zublickte; denn jedesmal wußt' er eine Anspielung auf das, was ich dachte. Er unterhielt uns mit viel Laune, und war so nachsehend, wenn ich ihm verkehrt antworwortete; denn meine Gedanken waren nur auf Natalien. Dann und wann gab er mir auch einen recht treffenden Hieb.

Wie wir vom Tische aufstanden, gieng ich mit meiner Natalie durch den Garten — in das reizende Wäldgen. Das soll mein Lieblingsort werden, liebe Natalie, wenn ich dem Glücke trauen darf, daß es mich lange bey ihnen läßt, sagt' ich ihr mit vollem Herzen.

Auch der meinige ist es, Freund — Soll ich Sie in den Mittelpunkt aller Schönheiten führen, die die Natur fähig ist hervorzubringen. O Waller! wir empfinden Beyde, und Sie werden so entzückt seyn wie ich, da ich mich hierher verirrte —

In Wahrheit, Carl — meine Augen starrten — Die unvollkommne Beschreibung, die ich dir geben kann, ist nicht einmal der Schatten von dem Würklichen — Die letzten Bäume des Waldes hatten von aussenzu eine halbe Laube geformt — dick — nicht zu durchsehen, und so gerade, so richtig ge-
wölbt,

wölbt, als die künstliche Scheere des Gärtners
es nach aller zirkelförmigen Ausrechnung
thun kann — Die Aussicht war also ganz
frey und erhaben, um über die Hügel weg-
sehen zu können, die die Aussicht meiner kleinen Hütte verkürzte. — Gleich rechter Hand
gieng der Wald in schräger Linie herunter —
und bildete sich perspectivisch in Hecken und
regelmäßige Ausschnitte — Am Ende dessen
ragte ein Hügel hervor — der niedrig genug
war, um die ganze fruchtbare Gegend zu zeigen, die Hrn. Bayers Kolonie einschloß —
Die Häuser, die alle regelmäßig und gut gebaut waren, glichen einer eben nicht kleinen
Stadt, und die Felder, ob sie gleich schon
den Herbst zeigten, verdunkelten nichts von
dem Fleiße, der sie gebaut hatte — Die
ferne Aussicht verlohr sich dahinaus in blaue
Berge, die sich mit den Wolken vereinigten.
Gegen über war der Wasserfall, den ich Dir
schon gelobt — der hier viel tiefer spielte,
und in dessen Wasser die Stralen der Sonne
sich in Farben tropfenweise brachen — Auf
den Felsstücken über die er wegstürzte — blizte

ein-

einmal das reinste Silber — das andremal sprudelten sie Feuerfunken — und oft waren sie vom dunkelsten Schwarz überzogen — Der Bach, den das stürzende Wasser gebar — lief queer durch das Feld und war mit allerhand Arten von Bäumen eingefaßt, die durch das mannigfaltige Grün dem Auge eine trefliche Schattirung darstellten —

Recht unter dem Falle war der Ort, wo ich Nataliens Namen verwahrt —

Linker Hand mahlten abwechselnde Hügel und Thäler eine Kette von Gebirgen — die wegen der Entfernung sehr regelmäßig schienen, und die ein hoher Verg endigte, auf dessen Gipfel Ruinen von uralten Zeiten ein ehrwürdiges Denkmal unsrer Vorfahren stifteten.

In der Mitte in einem romantischen Thale lag meine Hütte — „Hier, Natalie, sagt' ich, ist der Ort der Verweisung, den ich mir bestimmt hatte — Hier ist die Hütte — die meine Traurigkeit der lächelnden Natur entzog — die sie beleidigte — Dort der
Fel-

Felsen, der mir ihren Namen so oft wiedertönte — Am Fuße des Falles haben sich Thränen mit dem Waſſer gemiſchet — Thränen für Sie geweint — Seufzer, so viel der Fall Tropfen träufelte, haben Zephyre verwehet — und tobende Norde verbrauſet — Dort lag ich, jenes Felsenſtück zum Kiſſen, fühllos durch mein Unglück, und trozte darauf — ſie nie wieder zu ſehen — ängſtlich ſuchte ich Troſt darinn, ſehr — ganz unglücklich zu ſeyn — und warum? Ich hatte keinen andern Troſt — keine mitleidige Seele, der ichs klagen konnte — daß meiner Lage nichts in der Welt helfen könnte.

Thränen ſtunden dem theilnehmenden Mädgen in den Augen —

Hatte ich dieſes verdient? ſagte ſie; verdient, daß ſie um mich weinten — vor mein Schickſal zitterten? — Kann ich Ihnen dieſe Freundſchaft vergelten? —

Freundſchaft, beſte Natalie — Freundſchaft iſt ein kaltes — ein unangenehmes Wort aus ihrem Munde — Laſſen Sie
mich

mich meinen eignen Ankläger werden! Es war nicht Freundschaft — ich glaube — ja ich weiß es — es war Liebe — Es war die wärmste — die drückendste Liebe — Sie hat mich fast getödtet — O Natalie! — sprechen Sie mir Leben — oder Sie geben mir Tod — Kann ich, darf ich Sie lieben?

Natalie. Waller! fühlen Sie in meiner Hand nicht den Schlag meines Herzens? — Den Schlag, der für Sie stärker ist — Ich bin nicht das zurückhaltende Mädgen — das, auf Eroberungen stolz, sich nicht gefangen sehen lassen will — Nein, Waller! Sie haben den ersten Eindruck auf mich gemacht — Sie haben in mir eine Bewegung erregt, die ich noch nie — nie gefühlt. Sie haben ein Feuer angefacht — Waller! ein Feuer, das mich gewiß verzehren wird — wenn ich so stark bin Ihnen zu entsagen. Ich sage stark — und gewiß es gehört Muth dazu — Aber meine Umstände und die ihrigen sind nicht gleich — Ihre Familie wird über mich schreyen — und ich werde, mit den Flüchen
einer

einer gekränkten Mutter beladen, immer ein drückendes, ein angstvolles Leben führen — ich werde keinen Fluch ertragen können — denn er ist mir das schrecklichste — das unerträglichste aller Leiden —

Herrliches Mädgen! Sie lieben mich — O Wonne überströmt mich ganz — Sie lieben mich — Alle ihre vortreflichen Zweifel — alle so viele Beweise ihres theuren unbefleckten Herzens kann ich Ihnen auflösen.

Sie sahe mich mit einem Blick an, der noch in meinem Herzen feuret.

Waller! — hintergehen sie mich nicht — Schmeicheln sie einem Herzen nicht, das den Verlust dessen, was sie ihm sagen, unendlicher fühlen würde, als es den Verlust dererjenigen fühlte — die ihm den ersten Schlag gaben — die ihm lehrten zu fühlen — O unvergeßliche theure Eltern, sehet auf mich, sehet auf eure Tochter — erhaltet Sie, die ihr liebtet, in aller der Reinigkeit der Seele — warum ihr sterbend sie batet.„ — Sie fuhr fort: „Waller! Es ist leicht eine Seele zu

betäu-

betäuben, die schon vor Sie schwach ist — Noch sind wir beyde stark — noch — lassen Sie uns ehe wir uns näher verbinden — uns trennen — ja trennen — so viel Seufzer, so viel Thränen es mich auch kosten wird. Sie stand heftig auf, zog ihre Hand zurück, und fuhr fort, ohne daß ich es wagte, die holde Rednerin zu stöhren. —

Lassen Sie unsern lezten Abschied eine Versicherung einiger Freundschaft seyn — Sie wird uns den Trost geben, daß wir uns mit aller Wärme zugethan waren, daß unsre Seufzer rein zum Himmel flohen — und unsre Brust nie ein Gedanke von Unrecht beklemmte. —

Ich nahm für Freude zitternd ihre Hand wieder.

Nein, Natalie, die Vorsicht hat für uns gesorgt — besser gesorgt als wir es glaubten — Meine Mutter weiß unsre Liebe — kennet mein Feuer für Sie — Sie, die zärtlichste aller Mütter, will alles, was ich will — will nicht, daß ich mit Sorgen mein Leben

N ver-

vertrauern — meine Tage gezwungen verle-
ben soll — Sie will — daß ich mit einer
Gefährtin meiner Ruhe, meiner Liebe —
meines Glücks bey ihr fröliche Jahre durchleben soll — mit einer Gattin, die meines
Herzens Herz, meiner Seelen Seele — und
meines Lebens Leben ist — Und das sind sie
meine theure — meine geliebte Natalie —
O wie adeln sie diese Thränen!

Natalie. Waller! machen sie meinem
beängstigten Herzen keine drückendere Last —
Kann ich dem trauen, was sie sagen —
und ist Augen zu trauen, so sind es die ihrigen — o! so füllen sie die Leere, die bisher meine Hofnungen vernichtete — Sehen
Sie, das arme verlaßne — von ihrem bis-
herigen Vater verworfne Mädgen ist in ihren
Händen — glaubt in ihren Händen so sicher
zu seyn als in dem Schutze eines Monarchen
— und überläßt ihrer Willkühr, ob Sie sie
stürzen und verderben wollen.

Ich. Ja, Geliebte — das sollen Sie —
in meinen Händen sollen Sie so sicher ruhen,
als

als unter der Wache ihres Schutzengels —
das will ich Ihnen seyn — Dank Ihnen für
ihr göttliches Zutrauen — Dank für ihre
Liebe — Dank für die Thränen, die Sie
weinten —

Wir schwiegen Beyde und stunden auf —
denn wir waren Beyde durch den Kampf der
Freude betäubt — Ich warf noch einen rol-
lenden Blick auf den ganzen Umkreis der
himmlischen Gegend — Ich blieb auf dem
Wasserfall hangen —

So rein, sagte ich, Natalie — wie dieses
Silber dem Felsen entquillet, so rein quillet
das Blut meines Herzens für Sie, und wenn
es je durch einen beleidigenden Gedanken gegen Sie verunreiniget würde — so springe
seine Hülle, und ewig brenne es dann meine
Seele —

Wozu thun sie das, mein Lieber? Warum erschrecken sie mich mit Verwünschungen,
die nur schwachen Eindruck bey mir machen —
Ein Wort von ihrem Munde — gesprochen
mit der redlichen Miene ihres Angesichts, ist

mir theurer als tausend Schwüre, die mich erschrecken.

Herr Bayer kam zu uns — Jezt ists Zeit zu weinen, Kinder — sagt er — pfui, ihr habt ja Ursache froh zu seyn, daß ihr euch wiedergefunden — und nun sprach er so viel rührendes von der Freude — von der Annehmlichkeit einer reinen, zärtlichen Liebe — daß wir noch mehr weinten — weinten über den guten Alten, der ohne einige Verbindlichkeit so väterlich sich unsrer annahm.

Nein, rief er, das hilft nichts sehe ich wohl; kommt, wir wollen hereingehen — und so schlenderten wir den ganzen übrigen Tag in den vertraulichsten Gesprächen von Liebe und Zärtlichkeit, vom Glück und Zufriedenheit — bis der zu früh uns ereilende Abend mich meine Hütte sehen — und zum erstenmal den Gedanken segnen hieß — daß ich sie zum Aufenthalt gewählet — sie, die mehr Wonne mir verschafft — als ein bequemer Pallast dem Reichen —

Da

Da fand ich Ruhe, Karl — wo ich Zerstreuung suchte — Da Glück, wo ich Unglück zu beklagen mir vornahm.

Da wo am Wasserfall und in bemoosten Gründen
Ich oft Nataliens Namen rief;
Ein kläglich Echo mir: ich würde nie Sie finden,
Aus hohlen Felsen dumpfend wiederrief;
Da, wo du täuschend mir, als unter jenen Linden
Ich einst auf hartem Lager schlief,
Im blutigen Gewand, o Schreckens-Traum!
        Ihr Bild
Erblaßt enthüllt.
Da fand ich Sie in neuer Blüthe
Vor dem Altar der Unschuld stehn,
Gefühlt, wie Ihre Wang an meiner Wange glühte,
Wünsch ich nie ohne Sie des Lebens Bahn zu gehn.

Nie, nie Carl, von ihr, von ihrem seeligen Anblick, das gebe der Himmel

Deinem

        Freunde
        Waller.

Neun und dreyſigſter Brief.

Den 2ten Oct. 1772.

Carl an Waller.

Geſtern — Freund — habe ich von meinem Onkel die Einwilligung erhalten — durch Karolinens Hand, auch ohne Sallmanns Beytritt zur Adoption, glücklich zu werden — Aber ich habe ſie von einem ſterbenden, von einem theuren Manne erhalten, der bald für dieſe Welt verloren ſeyn wird — der für mich verloren iſt.

Es iſt ein Gedanke, Waller — der mir Schrecken verurſacht — einen Mann zu verlieren — der mir alles in allem — der von meinen Kinderjahren an mein Vater geweſen, da mich das Schickſal des meinigen beraubte. Waller, ich glaube, man iſt denen die größte Verbindlichkeit ſchuldig, die ohne den Naturtrieb elterlicher Liebe zu fühlen, doch keine von den Pflichten verſäumen, die Kinder von ihren Eltern zu erwarten haben, nichts von der Liebe zurückhalten, die uns ſo werth ſeyn muß

muß — Mich könnte wenigstens der Verlust meines Vaters, wenn ich ihn kennte — wenn ich alles, was ich meinem Onkel zu verdanken habe, ihm schuldig wäre — nicht so rühren, oder doch nicht mehr rühren, als der Anblick meines sterbenden Onkels.

Es sind nun drey Tage als er einen heftigen Anfall von zurückgetretenem Podagra bekam — alle seine Kräfte ihn verließen und er genöthigt war sich zu legen. Gewiß ist es, daß die Unruhen, die ich ihm verursacht, viel zu seinen Schmerzen beygetragen; und um desto trauriger sind mir die Stunden, die ich vor seinem Bette zubringe — jede neue Zuckung seines Gesichts, jeder schmerzvolle Blick aus seinem leidenden Auge — jede verbissene Bewegung seines Mundes giebt mir einen Stich. Gestern Abends als er eine der unglücklichsten Stunden in fast immerwährenden Reissen und gichtischen Zuckungen zugebracht, und nun einige Minuten in einem Himmel zu seyn glaubte, weil ihn seine Schmerzen etwas verlassen hatten — nahm er

er meine Hand in einer Entzückung von Gefühl —

Du mein einziger, mein lieber Sohn — Du leidest viel — Dein Gesicht verfällt vom Wachen — und dein Auge trübt sich von Thränen. Du liebst mich aufrichtig, ob du gleich wenig Ursache dazu hast. Ich habe dir den Trost deines Lebens geraubt, aber ich will suchen es wieder gut zu machen — Ich will allen Hofnungen entsagen, die mir zwar schmeichelhaft gewesen wären, die aber dennoch dich in deinen künftigen Tagen so unglücklich machen würden, wie ich es ehmals war. Ich weiß, daß du alles aufopferst, mich zufrieden zu stellen, aber auf Kosten deiner Glückseligkeit will ich es nicht seyn. Nimm also jezt von mir die völlige Herzenseinwilligung dein Band zu knüpfen; allein versprich mir, so lange ich noch lebe (gewiß nur eine kurze Zeit) es nicht zu thun —

Was konnte ich thun? Ich würde ihm alles — alles versprochen haben, was er verlangt hätte. Seine Heiterkeit dauerte nicht lange,

lange, denn die heftigsten Schmerzen hemmten sie — Ach Waller! es ist viel trauriger Leidenden zuzusehen als selbst zu leiden — Alle meine Seelenkräfte sind stumpf geworden — Es kommt bey jedem Zeichen seiner empfindlichen Schmerzen ein Gefühl in meine Nerven — das ich nicht kenne — ein durchbringendes Gefühl — so sich mehrentheils auf eine Unthätigkeit der Seele endiget.

Jeder Tag ist ein neuer Leidenstag für mich. Karoline, die bis jezt fast nicht von dem Bette meines Onkels gekommen — ist nun auch weg. Sallmann ist ebenfalls krank. Sie war noch die einzige, die meinem Onkel etwas recht machen konnte — und ich hatte dabey die Freude sie immer zu sehen, immer durch ihre freundschaftliche Theilnehmung neue Züge ihres vortreflichen Herzens zu entdecken.

Die wahre Unruhe die ihr Gesicht verrieth — die beklemten Seufzer die ihrer Brust entquollen — waren mir so viele Beweise ihrer Zärtlichkeit — Wenn mein Onkel sie seine Tochter nannte, (ein Ausdruck den er zeither viel zu gebrauchen pflegte) so glühten ihre Augen — es war gleich mehr Feuer, mehr Leben in ihr, sie druckte zärtlich meine Hand — als wenn sie mir sagen wollte: das wünsche ich. —

Nun bin ich auch dieser kleinen Freude beraubt — Die Reise die ich mir vorgenommen hatte zu deiner Mutter mit Karolinen zu thun, muß nun auch unterbleiben — Unser Haus ist jezt einem verwüsteten Garten ähnlich — Ehemals blühte Liebe — und Freude — Heiterkeit und Sorglosigkeit darin — nun ist alles welk, und Leid und Traurigkeit — Seufzen und Jammer sind die Trümmer davon.

Mein Onkel ist bey allen den Schmerzen, bey den schrecklichsten Zufällen standhafter als man es glauben sollte — Er erzehlt uns mit zu bewundernder Gleichgültigkeit, daß die Tage die wir nach ihm leben, glücklicher seyn würden, als die jetzigen — und unsre Herzen bluten dabey. — Mögte doch nur
noch

noch diesesmal seine Krankheit zur Besserung ausschlagen — O ich mögte ihm so gerne ganz zeigen — daß sein Leben mehr als mein Wohl mir am Herzen liegt — daß ich lieber wünschte unser Glück durch ihn verbunden zu sehen — als auf seinen Tod zu bauen — Vielleicht — Waller, immer bin ich noch der Meynung — seitdem meine erste Hitze sich gelegt — seitdem ich wieder in die Fassung meiner Seele zurückgekommen — ist noch Hofnung da — daß Sallmann sich bewegen läßt, so wenig Karoline es auch glaubt.

Diese Nacht ist die schlimmste gewesen die mein Onkel noch hatte. Die Schmerzen sind bis an den Magen hinaufgestiegen. Der Arzt fürchtet entweder einen schnellen Tod, oder unvermuthete Besserung — Ich glaube das erstere, denn die Schwäche ist groß.

Daß du glücklich bist, daß deine Wünsche in der Wiedererlangung Deiner Natalie erfüllt sind — ist deinem Freunde so werth als die froheste Nachricht für ihn selbst. Wie wenig bin ich aber aufgelegt, deine Freude

zu fühlen — so sie fühlen, wie es seyn würde — wenn ich sie in der Fülle meines Herzens, in keiner so traurigen Lage erfahren hätte — Alle deine Handlungen Waller sind gemäßigter seitdem du liebest — und wenn du so fortfährst, so verspreche ich dir Glück — Aber alles Rasche — alles Uebereilte laß weg. — Du hast noch viele Gefahren — Feinde die dir gewiß auflauren. Deine Natalie ist gut aufgehoben. — Ich habe Herrn Bayer in Teutschland gekannt — er ist ein würdiger Mann — ein Menschenfreund — Schon damals legte er Proben seines vortreflichen Herzens ab, die ihm Ehre machen.

Mein Onkel verlangt mich zu sich. Man sagt mir er sey etwas munterer — Wollte Gott ich dürfte seine väterliche Hand noch lange küssen — Leb wohl, Herzensfreund, und liebe

Deinen

Carl.

Vier=

Vierzigster Brief.
Den 30ſten Sept. 1772.

Natalie an Madame M.

Wenn ſie dieſen Brief leſen, ſo ſpotten ſie nicht der Schwäche eines Mädgens — Lachen ſie nicht darüber, daß mein Herz blutete — daß es gefangen wurde, ehe es noch glaubte zu lieben. Immer haben wir Nachſicht mit uns, wenn es auf unſre Neigungen ankömmt — und unſre eigne Leidenſchaft ſcheint uns nie ſo gefährlich als die wir an andern bemerken — Waller iſt, ohngeachtet aller Mühe, die wir uns gaben, ihn in der Unwiſſenheit zu laſſen, hier. Ein Zufall, theure Freundin, hat ihn mir zugeführet, und einem Zufalle, der vielleicht in dem Buche unſers Schickſals eine Hauptepoche war, hab' ich den Verluſt meiner Freyheit — zu danken — Ja, meine Theure, Sie müſſen alles, auch die Schwachheiten meines Herzens wiſſen. Ich habe ihm ewige Liebe — ewige Treue geſchworen — Das Auge des Allmächtigen

tigen war zugegen — und ich will ihm sie so rein, so unbefleckt erhalten, wie je ein Mädgen es gethan — Und wenn sich Meere widersetzen und Abgründe die Bahn hemmen, so will ich nicht weichen — fallen oder siegen — Die ganze Gegend ist ein Zeuge meiner Zärtlichkeit gewesen — Aber ich habe ihn nicht überrascht — Ich habe dem Manne alles vorgestellt — ihm zwar nicht verhehlt, daß meine Seele ihn schätzet, aber alle Schwierigkeiten ihm gezeiget, die unsrer Liebe im Weg stehn — und wenn er nicht redlich an mich gehandelt, wenn seine Liebe ihn verblendet, daß er seiner Mutter Worte mir erdichtet hat — so mögen Berge und Thäler, Felder und Wiesen für mich zeugen — so mag der rauschende Wasserfall der das gehöret, meine Worte herrauschen, und der sanfte Bach der uns behorchet, sie ihm vorlispeln —

Aber ich gerathe in Eifer, meine Theure, und das, um Ihnen, meine Beste, zu zeigen, daß ich nicht schuldig bin — daß, wenn mein Entschluß übereilt war, es durch meine
Offen-

Offenherzigkeit, durch meine innere Empfindung — durch meinen Abscheu für der Verstellung war.

Ich liebe den Mann — Ich liebe ihn mit aller Wärme. Ich fühle es, daß ich nie von ihm ablassen, nie ohne ihn glücklich leben kann — Und da er mir sein Herz so edel, so offen, so unverstellt antrug — sollte ich ihm lügen? Das konnte, das wollte ich nicht. Lassen Sie immer Eigenliebe — Eitelkeit mit dabey seyn — wessen Mädgens Herz ist rein davon — warum sollten meine Flügel so keck seyn.

Es ist wahr, Freundin, oft schrieb ich Ihnen, daß meine Lage ganz glücklich wäre, wenn mir nicht Seufzer für Wallern übrigblieben. Nun sind diese auch gehoben — ich sehe ihn täglich, sein Umgang ist so erheiternd für mich, daß meine Sache keines Zusatzes fähig wäre — aber sie wanket noch. — Wann der Baron — doch lassen Sie uns alles vergessen — Der Mensch ist so geneigt genug sich traurige Ideen zu bilden, wenn er mit Glücklichen umgeben ist.

Neu-

Neulich gieng ich in seiner Begleitung in die Colonie, um das Wochengeld auszuzahlen — Alle sahen auf uns, denn alle hatten unsrer ersten Zusammenkunft beygewohnet, und wie mir Herr Bayer erzählte, hatten viele geweint — und noch mehrere wegen unsrer Zärtlichkeit einige Lobeserhebungen fallen lassen. Ich sagte dieses Wallern, und er schien sehr bewegt darüber. Wie wir da waren, und ich mit der Austheilung fertig, sagte er zu der Versammlung: — Lieben Kinder, ihr seyd vor acht Tagen Zeugen meines Vergnügens gewesen — und ich muß euch sagen, daß der Zufall, dieses Frauenzimmer wieder zu sehen, der glücklichste meines Lebens war. Ich weiß daß ihr Antheil an meinem Glücke genommen, denn ihr seyd gutherzige, weiche Leute — ich liebe euch wie meine Verwandte — und daher wünschte ich, daß ihr ein kleines Geschenk von mir annehmet, um auf meine Gesundheit, euch ein kleines Fest zu machen. — Ich werde mich herzlich freuen, wenn ihr mich nicht verachtet, und glaubt, daß ich dieses aus Liebe und Achtung für euch thue.

Ein

Ein alter Mann, dem die Redlichkeit in den Augen zu lesen war, und dessen Silberhaar Ehrfurcht einflößte, ist der gewöhnliche Redner, wenn die ganze Versammlung etwas vorzutragen hat, und redete meinen Waller also an: Sie sehen, Herr, daß wir Menschen sind, die dem Herrn Bayer alles zu danken haben, und wenn wir Geschenke nehmen wollten, so würde er Ursache haben mißvergnügt zu seyn, denn er giebt uns überflüßig zu leben. Daß wir an ihrem Glücke Theil genommen, daran waren die Regungen unsrer Herzen Ursache — die wir niemals zu verbergen suchen, weil sie keinem Menschen Schande machen — Sie nehmen ja auch an dem unsrigen Theil und wünschen es, daß wir glücklich sind. Das verräth ihr rechtschaffner Blick — Also würden wir auch ihre Geschenke ausschlagen — Um sie aber nicht zu beleidigen, so wollen wir es annehmen, weil wir glauben, daß Hr. Bayer uns dieses nicht verargen wird. Da wir uns ohnedem vorgenommen an dem Geburtstage unsers Herrn ihm eine kleine Freude zu machen,

machen, so wird ihr Geschenck uns behülflich seyn, es etwas feyerlicher einzurichten.

Er schwieg, und Waller, ganz gerührt, gab jedem Erwachsenen ein Fünfthalerstück und jedem Kinde einen Dukaten. Ich und alle Anwesende erstaunten über seine Freygebigkeit; der gute Mann wollte aber damit noch nicht zufrieden seyn. Lieben Kinder, sagte er, Jeder behalte das Stück, welches ich ihm gegeben, nur zum Andenken, und für daß Fest, Alter, ist hier etwas — Ihr werdet mich doch auch bitten —

Ja — gnädiger Herr, schrien alle — ja sie sind ein herzensguter Mann — Der Alte sezte hinzu — Nicht des Geldes wegen, sondern weil sie uns lieben — Ich ließ Thränen fallen — und suchte sie zu verbergen — er wurde es aber gewahr und sagte, indem er meine Hand hastig ergriff — Sie weinen, Geliebte; o diese Thränen sind mir Bürgen für ihr gutes Herz.

Täglich, meine Liebe, reden wir vom Künftigen — träumen von unsrer Glückselig=

seligkeit, täglich entdecke ich neue edle Züge an dem vortreflichen Mann. Gestern erzehlte er mir die rührende Geschichte seines Freundes — Ach Karoline! du bist meinem Herzen so nahe —

Ich habe eine neue Ursache zur Aengstigung, allein da ich jezt in der Gesellschaft unsers Wallers bin, rührt es mich weniger als es sonst thun würde.

Der Baron v. Z. unser nächster Nachbar, schleicht immer zu unsrer Kolonie, und hat mich da einigemal schon angeredt. Er hat auch meinen Pflegevater angepackt, und von ihm sich meine erdichtete Geschichte erzählen lassen — hat darauf sehr viel zu meinem Lobe gesagt, und Erlaubniß gebeten uns zu besuchen. Was will der Mann von mir — Ich zitterte vor Furcht, daß er mich kennen mögte, denn ich habe ihn einigemale beym Baron gesehen, er schien aber nicht darauf zu reflektiren. Sonst ist es so ein schleichender Entdecker aller Familiengeheimnisse von jeher gewesen — Deswegen fürchte ich ihn sehr. —

Morgen wird er gewiß bey uns seyn — Da behüte mich der Himmel für seinen Untersuchungen. Leben Sie wohl, beste Freundin, und schreiben Sie mir ja bald; denn nun haben Sie so lange ein strenges Stillschweigen beobachtet, das meinem sehnenden Herzen gar nicht gefällt. Jemehr ich von Ihnen lese, desto mehr fühle ich für Sie. Ihr Herz sollte dem meinigen nichts verhehlen, da Sie so aufrichtig liebet

Ihre

Natalie.

Ein und vierzigster Brief.

Den 3ten Oct. 1772.

Waller an Carl.

Meine Ruhe ist schon wieder etwas untergraben — aber mein Leben ist das glücklichste was man sich denken kann — Ich fürchte nicht mehr vor mich. Ich fürchte vor Natalien — vor ihre Entdeckung. Es wird schon

schon nach und nach bekannt, daß ein fremdes Frauenzimmer bey Hrn. Bayer ist, und unsre liebe jungen Herren hier, die immer wie die Zephyre um Blumen schwärmen, werden da bald ankommen; und was ist natürlicher als daß Fräulein Natalie entdeckt wird. Doch wenn es ist, so habe ich meine Maasregeln genommen. Ich lebe sonst das entzückendste Leben eines Paradieses — und ich hoffe gewiß, es soll nicht mehr gestört werden. Ich habe tägliche neue Freuden in dem Anblik meiner Natalie. Ich will sie dir aber ein andermal beschreiben, wenn ich weniger zerstreut bin, weniger in dem Taumel der Wollust schwebe als jezt — O Carl! wenn ich ihr einen reinen Kuß raube, so bin ich in einer Entzückung, der nichts gleich kommt. Gestern hatte ich einige trübe Stunden.

Ich gieng auf der Landstrasse, die nach R. führet, in Gedanken wohl eine Stunde fort. Gleich anfangs begegnete mir ein Mann, der in aller Vertraulichkeit mit einem jungen Mädgen dahinschlenderte — Auch ein lieben-

des Paar, dacht' ich, die glücklich sind —
Wohl eine Stunde darauf begegnete mir eine
Frau, die ganz ausser Athem gelaufen und
mit Staube bedeckt, ein Kind auf dem Arme,
eine traurige Situation zeigte. — Was ist
ihr, Frau? redete ich sie an. Ach Herr! haben sie nicht einen Mann gesehen, der mit
einem jungen Weibsbilde gegangen — Ja,
sagte ich, die wird sie aber schwerlich einho-
len; denn sie sind wohl schon zwey Stunden
weiter — Ach Gott! seufzte sie, der gottlose
Mann; das ist nun mein Dank für alle Zärtlichkeit, womit ich ihm begegnet — Ist es ihr
Mann? fragte ich — Ja, Herr, es ist mein
Mann, und das Mädgen ist meine Magd.
Schon lange habe ich ihr Verständniß ge-
merkt, aber was kann eine arme Frau wohl
thun. Ich habe alles angewendet, mit Liebkosungen ihn dahin zu bringen, daß er von
ihr abläßt — Aber alles ist vergebens — Und
mit Gewalt können wir armen Dinger ja
nichts ausrichten. Ich wollt's auch meinem
Herzen nicht zu leid thun, ihm ein böses
Wort zu sagen — denn ich liebe ihn wie mich
selbst

selbst — Sie schluchzte hier für Weinen. Das arme Würmgen hier hat er mir zurückgelassen — ich habe keine Nahrung für ihn und werd's müssen verhungern lassen.

Ich. Das Kind, Mutter, wenn ihr Vertrauen zu mir habt, will ich euch abnehmen, will's versorgen als wenn's meine wäre — und wenn ihrs wieder haben wollt, will ichs euch zurückgeben.

Frau. Ach Herr, danks Ihnen Gott — ich kann nicht — kann Ihnen nicht danken, daß Sie mir das lezte wegnehmen, das noch meine Freude und meinen Trost ausmacht — Aber verhungern lassen — um Brod jammern sehen, das ist hart, das kann ich auch nicht.

Ich. Unverloren, Mutter, ists ja; und wollt ihrs jezt mit euch tragen. Das ist so beschwerlich —

Frau. Ich hätt's auch wohl einer Nachbarin lassen können; aber ich dachte denn: wenn er's Würmgen sieht, und wenn's ihn so anlacht, so wird er sich erweichen lassen, und wird mit mir umkehren. Ich wollt ja gerne ihm thun lassen was er wollte, wenn er nur bey mir bliebe, denn über kurz oder lang reuet's ihm, er geht in sich, und da hätt' ich seine Liebe wieder.

Ich. Hatt' er denn so guten Verdienst — Was treibt er vor'n Gewerbe — Womit will er sich nähren?

Frau. Ja nu, Herr, einmal wissen sie doch etwas — so mögen sie nur auch alles wissen. Es war ein liederlicher Bursch, ein Uhrmachergesell, der schon was gelernt hat. Er wußte sich aber so einzuschmeicheln, daß ich ihn recht lieb hatte, und weil meine Eltern Geld hatten, so warb er um mich.

Ich. Liebte er euch denn nicht? Und warum nahmt ihr den Menschen, wenn ihrs wußtet?

Frau. Ich dachte ja wohl, und er sagt's auch, daß er mich liebte; und wie ich so drauf bestand, ob's gleich meinen Eltern nicht recht war, ließen sie's doch zu — denn sie hatten mich sehr lieb —

Hier

Hier fiel eine Thräne über ihre Wange, die das Herz eines jeden zum Mitleiden und Ehrfurcht für sie bewegt haben würde.

So lange meine Eltern lebten giengs gut. Er arbeitete, verdiente fein Geld, und liebte mich auch, ob ich ihn gleich immer recht schmeicheln mußte, wenn ich von ihm wollte freundliche Gesichter haben. Ein Jahr drauf starben meine Eltern. Gleich sezt' er alles in Geld und mochts wohl schon im Sinn haben fortzugehen, machte mir weiß, er wollte Uhren davor kaufen, und nahm eben das Mädgen ins Haus. Ich ließ mir alles gefallen, schmeichelte ihm noch mehr als vorher, um seine Liebe zu behalten. Endlich sahe ich wohl, daß das nicht angieng — Also weinte ich im Stillen, und trug mein Creuz so gut, das mir der Himmel aufgelegt hatte, als es meinen gekränkten Herzen möglich war — Gestern Abend sagt' ich ihm, daß er doch wenigstens ein Bischen Rücksicht auf das nehmen sollte, was die Welt dazu sagte, wenn er auch mich nicht mehr liebte. Erst

war er böse, zulezt schien ers einzusehen und versprach alles zu thun. Heut hat er mir alle Schränke aufgebrochen, Geld und Kostbarkeiten mitgenommen — und war mit dem Mädgen fort.

Ich. Ja, liebe Frau, da habt ihr den schlechtesten Weg erwählt. Ihr habt nicht einmal zu essen, auch kein Geld mitgenommen?

Frau. Ach Herr, die Angst meines Herzens war zu groß, ich konnt' kaum denken, nahm gleich mein Kind und lief so fort, und kann und will auch nicht eher nachlassen, bis ich ihn gefunden — Ach Herr! das ist traurig, wenn man so verachtet und beschimpft wird — Aus dem Gelde mach' ich mir nichts, wenn ich ihn nur wieder hätte, aber ohne ihn kann ich nicht leben.

Was konnt' ich ihr antworten. Abrathen mogt' ich ihr nicht, denn vielleicht erweicht sie sein Herz, vielleicht geht der böse Mann in sich, und kehrt wieder um — Wie

wir

wir alſo nahe bey meiner Wohnung waren, nahm ichs Kind, und ſagte — da Mutter, in das Haus komm ſie nur, wenn ſies wieder abholen will.

Sie nahms Kind auf den Arm, drückte es an ihren Buſen, und ſagte mit wehmüthiger Stimme — Verwaißtes Würmgen, dein Vater hat dich verlaſſen, deine Mutter will dich nicht jammern ſehen — aber Gott, der aller Waysen Vater iſt, wirds dir auch ſeyn — Sie küßte es und gabs mir. Herr! ſagte ſie, hier iſts — Gott gab mirs — ich gebs Ihnen — er ſiehts, daß mirs nahe geht, und Sie ſehens auch — Laſſen Sie's Würmgen ein Pfand ſeyn, was ſie vor mich aufbewahren ſollen — Stirbts im Jammer — ſo wirds ſies drücken und mich verdammen. Nein, Mutter, nein ich will ſorgen — Weiter ſagt' ich nichts, und konnte nichts ſagen, gab ihr meinen Geldbeutel und gieng fort. Nun lief ich gleich bey einen benachbarten Bauer, gab ihms Kind, das mich immer unſchuldig anlächelte, und ſagt' ihm, er ſoll' nie-

niemanden sagen, daß es von mir wäre, gab ihm auch etwas weniges Kostgeld, denn ich hatte meinen Beutel der Mutter gegeben. Schwer fiel mirs aufs Herz, daß es so undankbare Männer geben sollte — Natalie werd ich nichts von der Sache sagen. Ich will ihr alles benehmen, was einen zweifelhaften Eindruck machen kann. Ich konnte auch nicht ehr als zu Mittag hingehen, so beklommen war mirs. Das Weib lag mir immer im Kopf. Sie war unendlich viel reizender als die andre. Jene sahe frech und buhlerisch. Diese sanft und edel.

Dein Onkel, Carl — dauert mich herzlich — und du noch mehr. Viel trauriger mußt dirs jezt seyn, da du durch Karolinens Blick nicht getröstet wirst. Ich weiß was ein Blick von Natalien mir für Heiterkeit ins Herz bringt. Gott gebe, daß ich bald beßre Nachrichten von dir bekomme. Gestern hab ich John in die Stadt geschickt, neue Briefe von Dir zu bringen, um zu erfahren, wies mit Deinem Alten steht. Ich wünsche beßer

fer — Lebe indessen so ruhig, wie Deine traurige Tage Dir es zulassen. Ich bin

Dein

treuer

Waller.

Zwey und Vierzigster Brief.
Den 4ten Oct. 1772.

John an Waller.

Sie werdens Ihren treuen Diener zu Gnaden halten thun, daß er nicht gestern wieder gekommen ist. Da hats erstlich keine Briefe gegeben, und zweytens habe ich eine kleine Streitigkeit mit dem Monsieur Baron gehabt. Der that mir gestern begegnen, und wie ers gewöhnlich pflegen thut — denn schimpfen kann er wie ein Landsknecht. Schurke, rief er, bey wem dienst du — Ich zog meinen Hut ab — und sagte: Wer bey dem Herrn von Waller dient ist kein Schurke mehr — Bey Ihnen wars wohl so was davon —

von — Weiß du mit wem du sprichst, du Hundsfott. Wo ist dein Herr — Kann's nicht sagen thun — Was Schurke willst du mich aufziehen — Herr Baron — ich bekümmre mich nicht um sie — und sie wohl thun, sich nicht um mich zu bekümmern. Er that den Stock aufheben — Aber John hatte zwey gute Beine und that den Baron nur auslachen. Das wäre nur noch schöne Zucht, wenn jeder einen auf der Gasse wollte ausprügeln thun. Den Nachmittag kam Signor Musje Friedrich und Johann vom Baron und wollten hochfeyerlich in Krug mich mitnehmen, aber ich bedankte mich, und sie giengen fein schnippisch wieder fort. Nun geht mir der Musje Friedrich immer nach, als wenn er mir auf die Absätze wollte treten thun, oder etwas an meinen Sporn zu fodern hätte. Da hab' ich nicht getrauet hinauszukommen — und hab' meinem Wirth das Briefgen geben gethan, an Hrn. Bayer abbreßirt. Er, der Wirth ist 'n recht herziger Mann, so nach allen alten Brauch, und erzählt vieles vom Herrn Baron, was derselbe aus-

spren-

sprengen gethan —, die Fräulein Natalie wäre ein, Gott verzeyh' mirs, liederlich Mensch — und wenn er sie kriegen thäte, woll' er sie sperren ein, und nicht geben zu essen und zu trinken, denn Brod und Wasser, und was er sonst noch Gottloses hat sagen gethan. Also wollt' ich sie doch warnen vor solch ein ärgerlichs Vornehmen von dem bösen Mann. Sollt' er wissen, daß Sie so glücklich sind bey der Frölen, er kratzte Ihnen alle Haar aus —

Wenn Sie nur ein wenig die Gnade hätten zu wissen zu thun, was und wie und welchergestalt ich mich verhalten soll. Die Fräulein Schwester hat auch nach mir geschickt, wie der Baron nicht zu Haus war, und ich gieng auch hin, sagt ihr aber doch nichts, weil ich wohl glaubte, daß sies nicht gerne sehen thäten, und sie weinte viel über ihre arme Schwester, und heute morgen hat der Baron das erfahren gethan, und thät glauben, ich hätte was gesagt, und will alles zu todt prügeln, wenn sie nicht bekennen thun.

thun. Dem kleinen Robert hat er schon ein paar Maulschellen geben gethan, weil er glaubt, der weiß es auch; und er ist so unschuldig wies Sonnenstäubchen am Plazregen seyn thut. Die tausend Thaler die er dem Riedel ausgezahlt hat, haben ihm sehr schmerzen gethan, und er denkt jezt auf einen Projekt, das wieder an etwas andern zu gewinnen — Das ist alles was ich davon habe erfahren gethan.

Ihr

treugehorsamster Knecht
John.

Drey und Vierzigster Brief.

Den 8ten Oct. 1772.

Madame M. an Natalie.

Ja, liebe Natalie, das sah ich wohl schon aus ihrem ersten Briefe, daß, wenn Waller Ihnen so bald aufstoßen würde, es um ihr Herz geschehen wäre, und die Ursache meines

nes Stillschweigens war es immer mit, zu vermeiden, daß Sie sich nicht an ihn erinnerten. Denn er hat mir jämmerliche Briefe geschrieben, die Sie bey Gelegenheit einmal bekommen sollen. Lauter Originale von Klagliedern — Hierbey schicke ich Ihnen auch ein Original von dem Baron, das wird Ihnen gefallen.

Aber was haben Sie gemacht? So ohne alle Ceremonie Ihr Herz weggegeben — Nein, liebe Freundin, da hätten Sie immer noch anstehen können! So wenig Mühe hatte wohl noch kein Liebhaber ein Herz zu erobern — Nein, Natalie — daß Sie ihn aufrichtig liebten, das kann ich Ihnen vergeben — aber sogleich mit der Thür ins Haus zu fallen, bewahre der Himmel! das ist ja wider alle Politik — davor werden Sie tausend Ungemach in der Folge leiden müssen. Ich hab's Ihnen ja so oft gesagt; und konnten Sie nicht erst meinen Rath darüber einziehen. Alles können wir überlegt thun, über jede Kleinigkeit erst viel — viel fragen,

P   den-

denken — forschen — unterfuchen, was das Beste ist; aber wenn unser Herz im Spiel ist, so sind wir gleich fertig — Nichts ist da im Wege. Husch husch, und wir greifen zu —

Keine größern Kleinigkeiten haben wir zu vergeben als eben dieses Herz — Es macht uns die wenigste Bedenklichkeit; und warum? Nie glauben wir es früh genug verschenken zu können — Ists weg — nicht wahr, so sind wir alle Bedenklichkeiten los, es länger zu hüten — wir sind die Sorge los einen Mann zu finden, der uns mit aller Empfindung das Wort: ich liebe sie! vorseufzt, und wenn er uns 8 Tage besizt, jähnt — wenn wir ihn versichern, daß wir ihn recht von Herzen lieben — uns auch wohl auslacht, daß wir glauben, er soll uns nun noch lieben — Keinem wird es leichter verliebt zu seyn als den Männern; und keinem wird es leichter es zu vergessen, daß sie uns liebten.

Ich will Ihnen ihr Glück nicht versagen, meine Theure — Aber gut haben Sie's nicht gemacht

gemacht — Ihr Herz, Natalie, könnten Sie immer noch anbringen, und wenn's den Waller auch werth war — (ich will den lieben Männern gar nichts von ihren Vorzügen nehmen — sie müssen so alles zusammenraffen, wenn sie uns erträglich seyn wollen) so würden Sie's ihm gewiß nicht vertragen. Was Sie mir bisher von ihm geschrieben haben ist alles schön — aber finden Sie wohl den Mann jemals so sanft, so mild, so weich, alle Figuren aus ihm zu machen, als wenn er verliebt ist. Mir sagte einmal eine Freundin: in Kinderjahren und Bräutigamsstunden läßt sich alles aus einem Mann machen. Darum muß man behutsam seyn.

Der einzige Rath also, den ich Ihnen noch geben kann, ist: nutzen Sie die jezige Zeit — Sehen Sie noch was Sie thun können — Sonst ists aus —

Die Moral gefällt Ihnen vielleicht nicht — Aber Kind, ich meyn's gut mit Ihnen. Kann seyn, Ihr Waller ist ein außerordentlicher Mensch, ein Wunder unter den Männern; möglich ists, daß er Sie immer so hitzig lieben wird wie jezt, aber trauen muß man nicht, wenigstens aufmerksam auf jede kleine Aeußerung von Stolz — von Herrschsucht — O meine Liebe — man kann nicht vorsichtig genug seyn. Noch geben Sie mir Nachricht, ob Sie Hrn. Bayers Beyfall haben; das giebt der Sache immer einen grossen Ausschlag — Denn ich muß Ihnen aufrichtig sagen, Ihnen mein Schatz, gebe ich keinen Kuß mehr davor, daß Sie sich nicht völlig werden zum gehorsamen Geschöpf machen lassen — Sie sind gefangen, und ein Gefangner ist muthlos. Ich bin wie beständig

Ihre

aufrichtige
M.

Vier und vierzigster Brief.

Den 1ſten Oct. 1772.

Baron R. an Madam M.

Liebe Madam!

Wenn Sie noch einige Freundſchaft für ihre Freundin haben, wenn Sie noch wollen, daß ſie den verderbenden Händen, worinn ſie ſich gewiß befindet, ſoll entriſſen werden — ſo ſagen Sie mir, wo ſie ſich aufhält. Die ganze Welt ſchreit über mich — ich ſoll ihr Verderben verurſacht haben; und ich weiß mich darinn ganz unſchuldig. Der lezte Verſuch, ſie mit mir zu nehmen, wäre zu ihrem Beſten geweſen, und die Unglückliche ſtürzte ſich ſelbſt ins Elend. Was hilft mir nun alles was ich an ſie gewandt — Was ſoll mir alle Freundſchaft, die ich für ſie gehabt? Aber ich habe mich entſchloſſen, der Welt zu zeigen, daß ich es redlich mit ihr meyne. Ich will — ja Madame! noch ſey es ein Geheimniß unter uns — ich will ſie heyrathen. Entdecken Sie Natalien meinen Entſchluß —

Ihr

Ihr sollt alle sehn, wie ich denke — nicht so klein wie die übrigen, die mich verleumden. Ich habe Triebfedern meiner Handlungen, die zu edel sind als daß ich andern sie entdecken kann. Ich habe in Natalien Eigenschaften gefunden, die es werth sind, daß ich sie glücklich mache; und ich kann es — Wer hätte es geglaubt, daß das Mädgen meinem Herzen noch werth werden würde, welches zu stolz war, je verschenkt zu werden.

Also Madame, ich hoffe Sie werden mir nächstens Nachricht von Natoliens Auffenthalt geben — Gewiß, ich werde Sie dabey nicht vergessen. Sie hatten sonst immer so einen kleinen Antheil an meiner Neigung, aber die grundfalschen Begriffe ihrer dummen Tugend machten Sie blind gegen ihr Glück. Im Ganzen genommen, habe ich die größte Ursache mit Ihnen zu zürnen. Aber vor diesmal will ich es vergessen.

Suchen Sie nur Natalien zu sich zu bekommen, da wollen wir in der Stille die Sache

Sache ins reine bringen. Indessen verharre ich mit aller Neigung für Jhnen

Jhr

ergebner Freund
Baron X.

Fünf und vierzigster Brief.
Den 7ten Oct. 1772.

Carl an Waller.

Wunderlich ist's doch, daß gemeiniglich ohne unsre Erwartung unser Glück befördert wird — Freu dich, bester Waller — mein Onkel lebt! Er erholt sich zusehens von allen Beschwerlichkeiten, und er fängt an, nach diesem heftigem Anstoß munterer zu werden als er noch vorher gewesen — Aber wir haben soviel Trauriges dennoch unterdessen erlebt — Meine Karoline hat das Unglück getroffen, ihren Vater zu verlieren. — Sallmann ist todt.

Drey Tage nachdem ich dir meinen lezten Brief geschrieben, schickte sie, sich nach dem Befinden meines Onkels zu erkundigen, und ließ mich zugleich hinbitten, weil ihr Vater sich sehr schlecht befände.

Ohngeachtet mein Onkel noch nicht alle nöthige Kräfte gesammlet, zog er sich doch an, ließ sich nichts abhalten, und fuhr zu ihm. Es war ein heitrer Tag, und diese kleine Ausschweifung bekam ihm ausserordentlich gut.

Wie wir zu Sallmann kamen, fanden wir ihn sehr schlecht. Allein eine herzliche Freude leuchtete ihm aus den Augen als er meinen Onkel so gesund sahe — Vieles, sagt' er, wollt' ich darum geben, daß ich sie bey mir gesehen habe — Nach einem so schweren Kampfe sehen Sie sehr munter aus — Mit mir, Kinderchen, gehts zu Ende. Karoline weine nicht. Du hast viel Zärtlichkeit für mich gehabt, mehr als ich von dir erwartete.

Ich

Ich gieng mit ihr beyseite, denn sie war zu sehr gerührt, und ihn ängstigte es. Sie sagte mir weinend:

Ach Karl! ich bin nicht so glücklich wie sie. Aber ich beneide sie nicht. Vielleicht verdiene ichs nicht. Ich habe mir nicht so viel Mühe um ihn gegeben, nicht so viel ihm aufgeopfert.

Ich. O, meine Beste! mit vergebnen Grillen kümmern sie sich nicht. Es ist traurig, daß ihr Herr Vater dem Tode so nahe ist; denn wozu soll man ihnen mit vergebner Hofnung schmeicheln — aber da es ist — Karoline — so verbergen sie ihre Thränen, ersticken sie ihre Seufzer, um ihm seine lezte Stunden ruhiger zu machen —

Karoline. Gott! wie kann ich ihn so kalt — so unempfindlich verlieren — ihn den besten aller Väter — Wie hat er von jeher jedem meiner Wünsche entgegen gearbeitet — Alles, was ich nur in der Entfernung wünschen zu können glaubte, hatte er schon für mich besorgt — und jezt soll ich ihn

ihn miſſen — Noch in den beſten Jahren
ſterben ſehen — da ich glaubte im Alter ihm
das etwas zu erſetzen — ihm Pflege zu geben — ihm eine Stütze zu ſeyn, an der er
Freude fühlen ſollte — O Carl! das iſt
grauſam — Noch geſtern, Lieber, ſprach er
ſo zärtlich, ſo empfindlich mit mir — Meine
Tochter, ſagte er, du biſt die Einzige, die
mir meinen Tod ſchwer macht — Noch mögte
ich einige Jahre für dich leben, um alle ver-
ſprochene Pflichten an dir zu erfüllen —
Aber du wirſt noch einſt glücklich werden —
Du wirſt ſehen, daß dein Vater redlich an
dir gehandelt — Wirſt ſehen, daß keine der
Beſchuldigungen mich treffen, die man mir
macht. Gott ſey ewig Dank — Carl, daß
ich mir nicht bewußt bin ihm welche gemacht
zu haben — Traurig, beſchämt und ängſtlich
würd' ich jezt an ſein Sterbebette treten, und
über mich ſeufzen. Aber mein Herz iſt rein;
und nur über ſeinen Verluſt wein' ich.

Waller! das ſagte ſie nicht mir zum Vor-
wurf — Aber ich machts mir dazu — Ich
denke,

denke, wir haben dem guten Alten immer zu viel gethan — haben uns blenden laſſen — Das war doch ſo ein kleiner Wurm an meinem Herzen, wenn ich vor ſein Bette kam.

Er ließ uns zu ſich bitten — Wie wir kamen, mußten wir uns um ſein Bette ſetzen, und ſagte mit gebrochnen Worten:

Kinder, ich bin eurer Liebe im Wege, und würds noch lange geweſen ſeyn — Aber ich ſehe, der Himmel hat's anders beſchloſſen — Er will euch glücklich machen und das kann auf keine andre Art geſchehen, als durch meinen Tod — Warum nicht? Das kann ich euch nicht ſagen. — Wenn ihr mich an meine Ruheſtätte begleitet habt, ſo öffnet meine Chatulle — Da wirſt du, Karoline, ein Käſtgen finden, an dich überſchrieben. Es wird dir viel werth ſeyn — Es wird alle Streitigkeiten unter euch heben — Und alsdenn, lieber alter Freund, indem er meinen Onkel an der Hand faßte, können ſie thun was ſie wollen — Ihrer Freude leg ich nun mehr keine Hinderniß in den Weg.

Wir

Wir waren alle nicht im Stande zu reden. Das Geheimnißvolle in diesen Worten war uns so räthselhaft, und keines wagte eine nähere Auslegung darüber zu verlangen. Und überdem hatte das Reden den Alten so angegriffen, daß er einiger Erquickung bedurfte — Er schlief auch gleich ein.

Meinem Onkel sah ichs am Gesichte an, daß er gern mit Karolinen davon gesprochen hätte; aber weil sie so sehr geängstigt war, so hielt er sich zurück. Sie rang ihre Hände, und konnte nicht reden. Endlich brach sie in Klagen aus. Gott! sagte sie, Gott! ich will nicht murren — Aber klagen — klagen — weinen, das darf ich — einen Verlust beweinen — den nichts mir ersetzen kann. O Gott — meinen lieben — meinen guten Vater soll ich nicht mehr sehen — nicht mehr unter seinem erquickenden Schutze — unter seinen zärtlichen Liebkosungen dahin wandeln — soll allein ohne seine Leitung, ohne seine Ermahnungen auf der schlüpfrigen Bahn irren? Verdient ich die harte Strafe? — und womit? —

Hier

Hier legte sie sich mit dem Kopfe auf einen Tisch nieder. Mein Onkel seufzte —

Sie hob sich wieder — nahm meines Onkels Hand, küßte sie und sagte: Guter Mann, zürnen sie nicht, daß ich sie mit meinem Unmuth beläftige.

Nein, liebe Tochter, ihre Thränen sind beneidenswerth — Immer gerecht, immer edel — denn sie verlieren einen guten Vater — ich einen Herzensfreund —

Sallmann war erwacht, hörte sie schluchzen, rief sie mit leiser Stimme — und sagte: Karoline, weine nicht — Mein Freund wird dein Vater seyn — Darum bitte ich sie, Herr von Beck.

Er nahm meines Onkels Hand, sahe Karolinen an, sprach mit den Lippen ganz sachte: Meine Tochter — und schloß seine Augen zum seeligsten Schlummer — Karoline sahe Blässe über sein Gesicht ziehen — und sank erblaßt zurück — Wir hatten viel Mühe ehe wir sie zurecht brachten — und meinem Her-

Herzen war's als wenn es auch sie verlieren sollte — Aber Gott schenkte sie mir wieder. Ihre Traurigkeit ist ausserordentlich — Sie bebt für Schwäche, und ist nicht im Stande zwanzig Worte hintereinander hervorzubringen, ohne daß eine Beängstigung ihre Stimme hemmte.

Daß mein Onkel so dabey weggekommen, wundert mich. Ich hab' ihn noch nie so gerührt gesehn — Er kann sich auch noch nicht finden. Alle Veranstaltungen, die zu machen sind, mach' ich. Sonderbar ists, daß da er sonst nie einen Todten sehen können, er jezt fast immer bey der Leiche ist. Er ist, so wie ich, jezt beständig hier, damit Karoline nicht allein im Hause seyn soll. Sie ist sehr ängstlich. Ich hab' alles abgewehrt, daß sie die Leiche nicht sehen sollte; aber sie ließ sich nicht abhalten. Wie sie hinkam, drückte sie ihre Hand vor seine Stirn und sagte: Ruhe, bester aller Väter! ruhe von der Sorge, die dich hier begleitete — Ewiger! gieb ihm die Belohnung für seine Liebe, die ich nicht geben konnte. O Carl! lassen sie mich seine Hand
noch

noch einmal küssen — Ich redete ihr es aus — Ich fürchtete, es mögte ihr Schaden thun — Sie gieng, und sagte mit Augen die Wonne zum Himmel stralten — Dank dir Ewiger! daß du seinen Tod sanft seyn ließest, wie den Schlaf nach einem ermüdeten Tage —

Sie faßte sich so ziemlich wie sie weggieng — Mein Onkel sitzt immer bey ihm. Er ist ganz verändert — Er ist so stille — so ruhig und dabey doch heiter — Er würde noch mehr von dem Seeligen sprechen, wenn er es nicht Karolinens halber unterdrückte. Uebermorgen wird er begraben — Da wird Karoline noch einen bittern Tag haben — und du kannst's wohl glauben, daß ich alles mitfühle — was sie fühlt — daß jede Thräne mir traurig ist, die sie fallen läßt —

Aber was soll ich von dem Geheimniß denken? — Was denkst Du davon, lieber — Ich mögte fast neugierig werden. Und gut ist's, daß Karoline jezt mir wenig Zeit übrig läßt daran zu denken — Auf Deinen Brief

Brief kann ich Dir gar nicht antworten. Leb also wohl, lieber Bruder, und denk in Deinen Freuden auch an

Deinen

Carl.

—

Sechs und vierzigster Brief.

Den 7ten Oct. 1772.

Herr von Z. an Baron R.

Brüdergen, ich hab' sie auf der Spur. Ein Mädchen, schlank, rasch, mit blauen Augen, blonde Haare; kurz, so wie du mir's beschrieben hast — Da sitzt eine bey dem Bruder von Deinem Pfaffen, und heißt Mamsell. Gewiß ist sie's. O man kann ihr die Sünde an der Stirn lesen; denn immer sieht sie auf die Erde, und ist menschenscheu. Auch ein junger langer Mann, weis der Himmel was für'n Kerl — geht immer ins Haus, schwazt viel mit ihr, tändelt und thut ver=
liebt

liebt. Sollte das wohl der saubre Vetter seyn. Hol mich, straf mich, wenn ers ist, so wollen wir 'n schon zauffen. Komm nur bald zu mir. Ich wünsche es deswegen, damit sie keinen Verdacht auf mich kriegen: sollte dein Pfaffe mit im Spiel seyn, so mußt du ihm auch was abgeben. Denn die Kerls werden jezt ganz des Henkers. Man kann nichts mehr vor ihnen anfangen — stecken die Nase in alle Mädgen=Geschichte — vor alten Zeiten drückten sie doch bey unser einen noch ein Auge zu.

Wenn du willst, so will ich mich erkundigen, wer der junge Mensch ist, aber das giebt Verdacht, und da lassen sie sie wieder weiter reisen. Es hat mir, hol mich der Fuchs, Mühe genug gekostet. Potz Blumenkönig, was bin ich um sie herumgegangen, bis ich sie ins Auge faßte — und du weißts doch, wenn du kömmst, daß du die alte Dirne mitbringst, sonst hol mich, straf mich, sag ich dir den Dienst auf, und laß dich unverrichteter Sache wieder wegreisen. Den John hab' ich auch 'n paarmal hier rumreiten sehn. Nu kannst

kannſt kommen, aber mit der alten Dirne. Ich bin

Dein

Herzensfreund
J.

Sieben und vierzigſter Brief.
Den 8ten Oct. 1772.
Natalie an Madame M.

Nimmermehr hätte ich geglaubt, daß ihre ſcharfe Zunge mich ſo treffen würde, meine Liebe — nimmermehr! Sehen Sie dieſen Brief an, wie er mit Thränen benezt iſt — So iſt der ihrige auch. Zweymal hab' ich ihn geleſen und jedesmal ſo viel Thränen dabey vergoſſen — als ich ſonſt über den Baron weinte. Das iſt grauſam. Ich glaubte wohl zuweilen, daß es nicht Ihr Ernſt ſey — aber die Sprache war zu beſtimmt — Auch nicht ein Wörtgen zu meinem Troſte — nicht einmal Vertrauen zu mir. Nein, meine Liebe, das müſſen Sie wiederrufen, da kann ich nicht an-

anders als darauf bestehen — oder Sie müssen gar nicht mehr meine Freundin seyn. Es ziehen sich so Nebel zusammen, die mir schädlich, Wolken die mir fürchterlich werden könten — Und wenn ich nun noch, Sie, meine einzige Freundin, verlöhre — wo wollte ich Zuflucht und Rettung suchen? Habe ich Sie denn so sehr beleidiget? Ists etwa Wunder, sein Herz hinzugeben, wenn man so bestürmt wird, oder wissen Sies aus besondern Nachrichten, daß Waller es nicht werth ist; so sagen Sie mir's bald, hätten 's mir gleich sagen und mich warnen sollen. Des Barons Brief ist ein Mischmasch von Stolz, Eigenliebe und Verstellung. Eine gewöhnliche Falle die er gebraucht. Wir werden nicht gefangen. Schreiben Sie ihm, er sey nicht gescheut, das Beste, so Sie ihm schreiben können, um ihn los zu werden.

Hier werfen sich kleine Hügel auf, die wohl zu Bergen ausarten, und uns manche saure Stunde machen könnten.

Der Herr von Z. scheicht, und frägt, und forscht immer noch, und Wäller der etwas

hitzig

hitzig ist, war schon einigemal mit ihm ziemlich zusammen — das geht immer gut.

Waller scheint auch einen kleinen Kummer auf dem Herzen zu haben — Gestern frug ich ihn, warum er so tiefsinnig sey — da war er zwar gleich wieder munter, denn er ist vorsichtig genug, mir alles zu verhehlen, was mir Unruhe machen könnte — aber es war doch nicht so recht. Ich bin zufrieden, wenn ich ihn nur sehe. Ich bin so thörigt zu glauben, wenn er bey mir ist, hats nichts zu bedeuten. Mein Alter wird auch aufmerksam und zuweilen auch böse auf Hr. von Z. Sie verlangten doch, um der Sache einen Ausschlag zu geben, daß ich ihnen Hrn. Bayers Meynung von meiner Liebe schriebe. So kränkend mir auch ist, weiter an Ihren Brief zu denken, so will ich Ihnen doch sagen, daß ich seine Einwilligung gänzlich habe.

Widerrufen Sie also ihr Urtheil bald, meine Liebe, sonst muß ich böse werden, und gerne wollte ichs nicht. Schreiben Sie mir ja bald, und wünschen Sie mir auch von Herzen Glück zu meiner Liebe, die so rein und

und aufrichtig ist, daß ich in Versuchung kommen würde, wider den Himmel zu murren, wenn er ein Band trennte, was gegenseitige Neigung gänzlich ohne Eigennutz, ohne Vortheile, ohne Stolz, geknüpft. Lieben Sie, wie ehemals

Ihre
Natalie.

Acht und vierzigster Brief.

Den 15ten Oct. 1772.

Herr Bayer an seinen Bruder.

Bruder, gieb Rath, sonst gehts nicht gut. Wenns meinem Herzen nach gienge, so dächt' ich, kämst her, und kopuliertest die Leute 'n Bisgen zusammen. Ehe wird's doch nicht Friede, bis sie sie nicht mehr auseinander reisen können. Der Nachbar ist schon einigemal mit dem jungen Herrn zusammen gewesen, daß ich mich immer fürchte, in meinem Wäldgen wird so eine Heldenthat vor sich gehen — und das mögt' ich nicht gerne. Wenn das

das dann auch nicht gleich angeht, daß wir sie zusammengäben, so könntest du doch auf ein paar Wochen hierher kommen. Denn wenn ein Schwarzrock dabey ist, so haben sie doch immer eher ein Bischen Respekt, und so lange die schlimmste Zeit ist, könntest du sie doch im Zaum halten. Ich denke so der Baron weiß schon alles. Waller sagt mir auch, daß sein Diener in der Stadt Streit mit des Barons Leuten gehabt hat. Das wird eine rechte Pastete werden, wenn der herausruckt, und kommt irgend mit einer Drohung, seine Natalie mit gewafneter Hand durch Landmiliz abholen zu lassen.

Bey dem allen, wenn mir die Leutgen nicht so nahe giengen, und ich sie herzlich gern von allem Ungemach frey machen möchte, so würde ich den Spaß mit dem Baron gern haben. Es giebt brav zu lachen dabey, wenn er seine Sentenzen auskramt. Und denn wollten wir 'n bald auf 'n Projekt bringen, daß er Natalien drüber vergessen sollte. Mittlerweile bis er das alles so deutlich von Anfang bis zu Ende sich selbst vorerzählte, schaften wir's

Mäd-

Mädgen auf die Seite, und er reißte mit 'n Projekt wieder nach Haus. Aber, wie gesagt, ich mag die jungen Leute nicht kränken. Nun Bruder, ich erwart' dich bald, bleib ja nicht aus. Ich bin

Dein

treuer Bruder
Bayer.

Neun und vierzigster Brief.

Den 12ten Oct. 1772.

Waller an Carl.

Ueber deines Onkels Genesung kann ich nichts weiter sagen, als: ich habe alles dabey gefühlt, was du hast fühlen können. Ich freue mich so innig darüber, als über die Wiedererlangung meiner Ruhe. Aber Sallmanns Tod hat mir Thränen gekostet. Ich habe Natalien den Brief vorgelesen — und ihren Augen entschlichen auch Thränen des Mitleids. Sie weint den zärtlichsten Antheil an dem Schicksal deiner Karoline. Es muß ein

ein vortrefliches Mädgen seyn, sagte sie, und wenn mir der Himmel das Loos beschieden hätte, mit einer solchen Freundin, meine Tage durchzuleben, ich würde die glücklichste Person auf der Welt seyn. Sollte es nicht Carl? ja, ich hoffe, ich hoffe gewiß, es wird so seyn. Ich werde mit Natalien verbunden, in die Gegenden meines Vaterlandes eilen, und da wollen wir das glücklichste Leben führen — wollen in unsrer kleinen Verbindung so glücklich seyn — wie Könige der Erden unter dem Prunke der Schmeichler es nicht können.

Vom John in der Stadt hab' ich wieder einen Brief, der eben nicht vortheilhaft ist. Ich fürchte wir werden entdeckt werden. Hr. Bayer dringet darauf, wir sollen unsre Verheyrathung beschleunigen; ich habe auch deswegen schon an meine Mutter geschrieben. Der Hr. Pastor Bayer ist jezt hier, und hat mir versprochen, alle Mühe anzuwenden, um die Einwilligung der Regierung zu bekommen. Carl! wie nahe bin ich meinem Glücke! Aber auch wie viel ist noch dagegen!

Mit

Mit dem Nachbar, den Hrn. v. Z., hab' ich einige Händel gehabt — Er will durchaus wissen wer ich bin, und kömmt immer mit spitzigen Reden und Anspielungen auf meine Natalie, die mir gar nicht gefallen. Gestern sagte ich ihm ganz trocken, er möchte so gut seyn, und mich ungeschoren lassen. Das verdroß ihm gewaltig. Ich gieng darauf mit Natalien hinaus und allein mit ihr spazieren. Da hat er einige Drohworte gegen den Alten fallen lassen, und von Genugthuung gesprochen. Die kann er endlich haben, wenn er will. Er mußte auch so fortgehen, denn wir kamen spät von unserm Spaziergange zurück und haben ihn also gar nicht gesehen.

Sonderbar war's gestern mit einer Kleinigkeit — In der Lage, worinn ich mit Natalien bin, ist man auf jedes aufmerksam, was einem vorkömmt. Sie fand gestern, wie wir weggiengen, ein vierblättriges Kleeblatt. Kindisch ists immer; aber wir freuten uns doch beyde. Ich machte so meine Auslegung drüber, und sagte: das ist mein Freund Beck, das Karoline, das sind sie, das ich, und so werden wir auch zusammen leben —. Nun das Blättgen will ich auch aufheben, sagte Natalie, wenn wir einst hinüber kommen, wollen wir uns an die heutige Glückseeligkeit erinnern. Das brachte uns dann allerhand Ideen von Glück und Ruhe in Kopf; und deswegen verspäteten wir uns. Wie wir nach Hause kamen, wollte Natalie das Kleeblatt aufheben, und wie wir's ansahen, fehlte ein Blättgen — Es schoß uns Beyden auf, und Natalie wurde ganz blaß.

Ich suchte ihr dann zuzureden, daß das Kinderey sey, und nichts zu bedeuten habe; aber im Grunde ärgerte michs doch, weil ich meine Auslegung darüber gemacht hatte. Ich wollte lieber, ich hätt's nicht gethan. Und gut war's, daß wir sie nicht gezeichnet hatten, welche Personen sie bedeuten sollten. Denn wäre das geschehn, und just das Blatt, das Natalien vorstellte, hätte gefehlt, so wär ich selbst der Narr gewesen, der's größte Unglück draus genommen hätte.

Das, Karl! ist überhaupt grundweise vom Schöpfer eingerichtet, daß wir in die

Zu=

Zukunft keine Einsicht haben. Wir würden den Beschwerlichkeiten ausweichen, dem Glück entgegen eilen wollen; und da wir Beydes nicht ändern könnten, nie glücklich seyn. Und doch schmähet der Sterbliche das Loos der Unwissenheit, das ihm Trost seyn sollte!

Wollen's gut seyn lassen, sagte Natalie, weil sie's so wollen. Aber das Blatt will ich doch aufheben — Muß doch sehen, wem's trifft.

Der Spaß störte unsre Heiterkeit etwas. Wir erzehlten's dem Alten. Narrenspossen! sagt' er; aber ich thät es doch nimmer, daß ich solche Auslegungen machte, so was verdirbt, zerreißt; und gleich sind die Grillen da. Ich hab' auch so'n Exempel gesehen.

Ich hatt' eine Schwester, die ich recht sehr liebte. Da hatten wir Kinder so das Spiel mit den gelben Blumen Pumppaul, wenn sie in Saamen gehen, daß wir die Federn abbliesen, und so viel stehen blieben, so viel Jahre sollten wir noch leben. Nu hatt' ich sie wohl zehnmal alle abgeblasen, und lebe noch immer; aber meine Schwester blies auch

einst,

einst, und blieb nur eins stehen; das nahm sie sich so zu Gemüthe, daß sie krank wurde, und starb auch, doch noch in dem ersten Vierteljahre. Das war nun die schöne Prophezeyhung. Drum ists aber besser, man spaßt mit solchen Sachen nicht.

Ich erzehle Dir auch alles dumme Zeug, Carl; überschlags, wenn Du's nicht lesen magst. Empfiehl mich Deiner Karoline, und sag': ich ließ sie bitten, sichs nicht zu nahe zu nehmen. Leb wohl, Bruder, ich muß schlafen gehn. Schon 3 Uhr. Ich bin
Dein
Freund
Waller.

Funfzigster Brief.

Den 13ten Oct. 1772.

John an Waller.

Blitzzeug sind des Barons seine Kerle. Ich kann gar nicht loskommen thun. Wo ich in einen Krug gehe, gleich sitzt einer da, thut mich

mich schön grüßen, und will eins mit mir trinken. Ich putze sie denn alle ab, aber doch is da einer, der eben damals die Prügel kriegen that, wie ich fortgieng, der scheint's nicht mehr mit dem Baron zu halten; und mit dem hab' ich mich 'n bisgen abgeben gethan. Der erzehlt mir: der Baron hätt 'n Brief vom Lande bekommen, da sey er hochgesprungen, und hab' sich angestellt, wie 'n Narre. In acht Tagen wollt er verreisen; da hat die ältste Frölen, die immer weinen thut, alles müssen thun zurechtmachen von wegen der Reise. Er hat sich auch gethan ärgern, daß er so lange noch warten muß. Die Frölen hat immer gefragt, wohin er reisen wollte? Er thut sie aber immer ganz hübsch abweisen, und überhaupt soll er keinem Menschen mehr im Hause trauen. Heute Abend werd ich den Wirth mein Pferd vor's Thor reiten lassen thun, und ich schleich zu Fuß hinaus, und morgen mit Tags Anbruch thu ich davon reiten.

Gestern schickt mir der Baron ein Kerl, ließ mir mein Lohn zahlen, und thut mich bit-

bitten laſſen, wieder zu ihm kommen zu thun, aber ich war froh, daß mein Sohn da war, ließ ihn ſchön grüßen, und ich thät's bleiben laſſen. Hab nichts mehr mit dem Menſchen zu theilen. Er thut jezt bey der Regierung um eine Ordre anſuchen, daß die Frölen Natalie proclarirt oder clamirt, wies heißt, würde, weil ſie entlaufen gethan; das hat Ihnen nur wollen zu wiſſen thun

Ihr
getreuer Knecht
John.

Ein und funfzigſter Brief.

Den 9ten Oct. 1772.

Carl an Waller.

Heute begleitete ich die Leiche zur Gruft. Da ruhet nun der Ueberreſt unſers guten Alten, bis ihn eine ſchönre Zeit zu einem beſſern Leben hervorrufen wird.

Karolinen thats erſtaunlich weh, wie ſie ihn forttragen ſah. Aber ſie faßte ſich doch beſſer als ich glaubte.

Geſtern

Gestern hatt' ich noch einen kleinen Kampf mit ihr. Es ist hier, wie du weißt, nicht gebräuchlich, daß Frauenzimmer die Leiche begleiten, und sie bestand darauf es zu thun — Sie wollte den lezten Abschied von ihrem geliebten Vater noch an der Gruft nehmen. Nun wäre mir's nicht um das Gerede der Leute zu thun gewesen; denn was mach ich mir daraus, ich hätt' ihr einen Wagen nehmen, und sie mitfahren lassen können. Ueber die Vorurtheile der Menschen bin ich schon lange weg gewesen.

Aber bange war mir's vor ihr selbst, daß das zu starken Eindruck machte, und außer dem großen Auflauf, ihr wohl noch eine Krankheit zuziehen könnte.

Sie war nun ganz außer sich, wie sie sahe, daß ich's nicht zugeben würde; sie weinte den ganzen Tag und geberdete sich sehr kläglich, so daß ich einigemal auf dem Punkt war, es zuzugeben.

Endlich entschloß ich mich, und stellt's ihr nochmals vor, und ließ ihr den freyen Willen. Da sagt' sie: Wenn ich meinem Her-

Herzen folgen würde, so wär ichs schuldig zu thun; aber da ich sehe, daß Ihrem viel dran gelegen ist, wenn ichs unterlasse, so wär's auch unbillig, wenn ichs thäte. Mein Vater mags mir also vergeben, wenn ich in der Stille um ihn weine. Die Leute könnten auch nur denken, ich thät's um mich damit sehen zu lassen. Und, Gott weis, ich wollt's lieber vor aller Welt verbergen. Gehn sie also, mein Lieber, nur allein. Das freute mich herzlich, daß sie sich dazu entschloß. Diese Nacht schlief sie gar nicht. Ich mußte noch einmal mit ihr an die Leiche gehen. Mit stummen Schmerz sah sie sie an, seufzte und gieng gleich wieder.

Mir gehts recht durchs Herz, wie sie innerlich kämpfet. Wie der Schwarm von Leuten kam, die die Leiche begleiteten, da hatte sie recht auszustehen; denn sie mußte die Condolenzen einnehmen, und alle die verstümmelten Gebetsworte, die mancher brummte, und ein andrer blos herlispelte, so verdauen. Das wäre mir nicht möglich, Waller. Wirklich es wäre eins, ob man eine Puppe dahin-

dahinstellte, der sie so was vormurmelten; denn da hätten sie doch noch weniger Angst dabey, wenn sie's wüßten, und brauchten nicht die paar Worte, die sie ja noch auswendig lernen, in den Kopf zu pumpen. Ich hab' mich sehr daran geärgert.

Alle wußten gar nicht wie's zugieng, daß ich und der Onkle dabey waren, und so wie zu Hause. Da pfuschelten immer die Köpfe gegen einander, und jeder wollte vom andern was wissen, und ein Narr wußte so viel wie der andre, und jeder hat doch gewiß eine Erklärung gemacht. Ich mögte alle so aufgeschrieben sehen.

Mein Onkel wollte morgen gleich die Eröfnung der Schatouille vornehmen, aber ich hab's noch auf einige Tage verhindert. So was ganz unbedeutendes ists gewiß nicht um das Geheimniß, und Karoline ist noch nicht stark genug, vielleicht einen neuen Stoß auszuhalten.

Wir haben sie beredet in unser Haus zu ziehen, und das will sie auch. Nun ist sie beständig bey meinem Onkle und er liebt sie

R mehr,

mehr, als eine Tochter. Er wird ihr Vormund werden, Sallmann hatte ihm dieses schon gesagt. Morgen wird sein Testament geöfnet. Ich spreche jezt Karolinen wenig —. Ihre Wehmuth vergrössert sich bey meinem Anblick, unser Gespräch fällt gar zu leicht auf ihren Vater zurück, und das suche ich gerne zu vermeiden.

Vor ein paar Stunden kam noch ein Bruder von Sallmann an, der sich in Holland aufhält, und auf die Nachricht von seinem Tode gleich herkam, um seiner Nichte beyzustehen, weil er vielleicht glaubt, ihr Vormund zu werden. Ich glaube wohl, daß es ein recht guter Mann ist, aber all das Prächtige in Sallmanns Hause scheint ihm doch auch herzlich nahe zu gehen. Er wunderte sich sehr, daß der sel. Herr Bruder so schnell gestorben, und man sah's ihm an, daß er nichts begreifen konnte, warum wir so traurig wären. Er ist ein reicher Kaufmann. Er sezte sich gleich, und rauchte ganz ruhig heute Abend noch ein halb Pfund Knaster zu Ende. Das scheint sein Element. Er gieng etwas

etwas aus, und wie er zurückkam, war er
viel freundlicher als vorher. Vermuthlich
wußte er nun erst recht, wer wir waren.
Alle deine Briefe, Waller, habe ich mit der
freundschaftlichen Wärme gelesen, die ich immer für dich habe, und alle haben mir bewiesen, daß du glücklich bist. Aber dein letzter Brief enthielt etwas, was ich nicht billigen kann. Deine Antwort an den Hrn. v. Z.
war übereilt — sehr übereilt — Das kann
dir Verdruß zuziehen, und wer leidet mehr
dabey als Du.

Nataliens Empfindungen sind so rein, so
unverfälscht, daß ich dir Glück wünsche zu
ihren Besitz — zu ihrer Liebe, zu allen Freuden die ihr Herz dir einst verschaffen wird.
Und nun wäre denn wohl die Zeit, wo wir
Beyde glücklich zu seyn Hofnung haben.
Denn meiner Liebe wird sich so leicht nichts
mehr in Weg stellen. Ich bin

Dein

aufrichtiger
Carl.

Zwey und funfzigster Brief.

Den 12ten Oct. 1772.

Madame M. an Natalien.

So böse wars nun nicht gemeint, liebe Freundin — Aber so ganz alles zu widerrufen, daß ist doch auch nichts. Das kann ich nicht. Denn, meine Liebe, ich rede aus Erfahrung, und weil Sie böse werden wollen, so muß ich Ihnen nur etwas davon entdecken, warum ich keinem Manne traue. Ich habe Ihnen noch nie die Ursache gesagt, warum ich mein Vaterland verlassen — Warum ich als ein Pilgrim die nordlichen Gegenden durchschwärme? Aber kurz sollen Sies erfahren — und alsdenn wird meine Entschuldigung gemacht seyn.

Einer der schönsten Jünglinge schön — wie Ihr Waller, Natalie, ich brauche weiter nichts zu sagen — ist die Ursache alles dessen, ist die Ursache, warum sie sich oft in meine tiefe Schwermuth sinken sehen — die Ursache, warum ich nie glücklich seyn kann. Er liebte mich unendlich — alles süsse, alles hin-
reis-

reissende hat er mir vorgesagt — alle Vollkommenheiten Ihres Liebhabers besaß auch er — so eine schöne durchdringende Zunge zur tiefsten Schmeicheley — so eine feste unumstößliche Miene der Wahrheit — daß wer mir gesagt hätte, ich thäte Unrecht, ihn zu lieben — hätte meinen ganzen Haß gehabt — und wäre es eine Schöne gewesen, meine ganze Eifersucht.

Ein ganzes Jahr, meine schöne Freundin, hab' ich ihn geprüfet; habe weit — weit mehr gethan als Sie — Ein ganzes Jahr hat er zu meinen Füssen geseufzet, hat mehr gelitten, als ihr Waller, ist ein Sclave meiner Blicke gewesen, da ich es nicht forderte — hat keine Drohungen gescheut — die ich ihm machte, wenn er nicht von mir ablassen würde, kurz er ist ein Muster der Liebe, ein unverbesserliches Beyspiel gewesen. —

Und diesen Mann mit dem besten Herzen, mit den feinsten Empfindungen — mit einer Seele die an mich hieng — und die nicht Jahrhunderte losreissen zu können, mein Herz mir prophezeyte, diesen Mann habe ich

R 3   geliebt

geliebt — habe ihm meine Freyheit geopfert, habe ein Jahr mit meinem Herzen gekämpft, und das zweyte Jahr als eine Ueberwundne seine Ketten ganz getragen — bey jedem seiner Blicke entgegengeeilet — habe ganz keinen Willen mehr gehabt, als den seinigen; und im dritten Jahr seiner Seufzer, im zweyten unsrer vereinigten Liebe — hat dieser Mann, rufen sie alles zurück, was ich erst gesagt — hat dieser Mann mich verlassen — mich verlassen — mich vergessen, ein Andenken seiner Vollkommenheiten meinem Herzen, als den einzigen Rest von ihm zurückgelassen. Seitdem schwärme ich unstet herum — habe eine Zeitlang mich gegrämet, und den Tod mir gewünschet, ja ihn gesuchet. Endlich müde, ihn nicht wiederzufinden, dem meine Seele allein anhieng, bin ich in Ansehung seiner in eine stoische Gelassenheit verfallen, die nichts als sein Anblick wird heben können.

Sehen Sie, so sieht es um das Herz ihrer Freundin aus. Hat sie noch Ursache zu trauen? Nein, Natalie, und wenn Schwüre auf Schwüre, Liebkosungen auf Liebkosungen

gen sich häufen, so fürcht' ich aber, so flieh ich, wie ein gejagtes Reh, die Klauen des räuberischen Jägers.

Seyn Sie also nicht mehr erzürnt auf Ihre Freundin. Es kann seyn und ich wünsche es Ihnen von Herzen, daß Sie nie — nie das erfahren, was mein Schicksal mir bestimmt hatte — wünsche, daß Ihr Waller Ihnen so treu — so lieb bleiben möge, als Sie es selbst wünschen.

Ich hatte mir damals die ganze Geschichte meiner Liebe ins Gedächtniß zurückgerufen, als ich ihren Brief las, und war's da Wunder, daß ich unzufrieden war, daß ich schmähete.

Ich bin heute auch außer aller Fassung, Ihnen weiter zu rathen. Machen Sie nur, was Ihnen am besten dünkt. An allem, was Ihnen begegnet, werde ich Antheil nehmen — ists Glück, mit Ihnen freuen, ists Leid, mit Ihnen trauern.

Ihre Schwester hat mir einen kläglichen Brief geschrieben, den ich Ihnen hier beylege, und der auch für Sie furchtbar ist. Die arme Freundin! Ich weiß gar nicht, wie

wie ihr zu helfen ist. Schicken Sie mir doch
einen Brief an Sie, ich werde es so machen,
daß es nicht herauskömmt. Könnte man sie
wegbringen, es wäre am besten. Ich habe mit
dem Hrn. Hauptmann von Stein gesprochen.
Er ist zwar im Punkt des Frauenzimmers auch
nicht gar zu ehrbar. Allein, da er jezt ver=
heyrathet ist, fällt das wohl so ziemlich weg.
Und sonst ist er ein vernünftiger umgänglicher
Mann. Wenn er so zuweilen seinen Kopf vor
sich hat, so muß man ihn nur austoben lassen.
Vielleicht könnte Ihre Schwester sich dort auf=
halten, wenn's auch nur auf einige Zeit wäre;
seine Frau ist ein artiges und recht herzengutes
Weibgen. Antworten Sie mir darauf. Ich bin
Ihre
aufrichtige
M.

Drey und funfzigster Brief.
Den 10ten Oct. 1772.
Fräulein Sommer an Madame M.

Gewiß, liebe Freundin, weis der Baron
wo Natalie ist. Seit einigen Tagen ist er so
voll

voll von hinterlistiger Bosheit, spottet auf jede Handlung die ich unternehme, ist so brutal, daß ich unmöglich noch acht Tage es dulden kann. Ich bitte Sie im ganzen Ernste, suchen Sie eine Gelegenheit für mich unterzukommen, auf welche Bedingung Sie selbst wollen; auch die schlechteste wird besser seyn als dieses Leben.

Er verreißt — und warum anders als meine arme Schwester aufs neue zu ängstigen, und dies soll die Zeit meiner Entfernung seyn. Sollte er sie auch mit zurückbringen, so bin ich doch nicht im Stande ihr etwas von den Leiden, die ihr zubereitet werden, zu mindern.

Wäre nur mein Bruder hier; aber leider die lezten Nachrichten aus Teutschland sind ganz hofnungslos. Seit drey Jahren hat er sich verloren, und niemand weis wo er ist. Er war die einzige Stütze unsers Hauses, die einzige Zuflucht, die für alle Leiden uns übrig blieb.

Die Verwüstung hier im Hause ist schrecklich. Alles verkriegt sich vor dem Baron, wie vor einem reissenden Thiere eine flüchtige Heer-

Heerde. Zuweilen sperrt er alles ein, zuweilen bekümmert er sich um niemand. Seine Verwandte haben ihm zugeredet, die Sache liegen zu lassen, und sich um Natalien nicht zu bemühen. Allein er hat einen gräßlichen Schwur gethan, daß er sie wieder in seine Hände haben wolle.

Herr von Waller wird allgemein bedauert. Man weis, daß er sich auf dem Lande aufhält, und alle Gesellschaft meidet. Es kommen täglich, theils Verwandte des Barons, theils Fremde zu mir, die nach meiner Schwester fragen. Ich kann niemanden antworten.

Ueberlegen Sie selbst meinen Zustand. Stellen Sie sich die Unruhe meines Herzens, die traurige Lage meines künftigen Schicksals vor; und dann denken Sie sich den Baron dazu, der, nachdem er die Quelle meines Verderbens war, hart genug ist, alles Mitleiden aufzuheben, mich als eine verachtungswerthe Kreatur anzusehen, der er keine Verbindlichkeit schuldig ist. Jezt fange ich erst an, den ganzen Umfang meiner Hölle zu erkennen. Jezt sehe ich das Licht, mit welchem er prangte, te, in Finsterniß ausarten. O meine Beste! was ist ein Mädgen, welches in einem Abgrunde irret, worein sie sich selbst gestürzet, der jeder Hügel schwindet, auf dem sie sich empor zu bringen sucht, und welcher alle, die ihr helfen könnten, mit einem durchdringenden Hohngelächter ihren Fall vorwerfen.

Aber wenigstens entfernt von dem Urheber meiner Leiden will ich meine übrigen Tage zubringen, meine Leichtsinnigkeit zu büßen, und für meine Thorheit zu weinen.

Seyn Sie mir dazu behülflich, so werden Sie die Ruhe befördern, die leidend suchet

Ihre

Freundin
v. Sommer.

Vier und funfzigster Brief.

Den 16ten Oct. 1772.

Waller an Carl.

Immer noch in den unaussprechlich seligen Armen meiner Natalie fliessen meine Tage hin.

hin. Ich kann Dir gar nicht sagen, was für ein Uebergang wollüstiger Empfindungen in meinem Körper, in jeder Nerve desselben ist, wenn ich nur ihrer Hand oder ihren Lippen den reinsten Kuß aufdrücke. Es übersteigt alles, dessen meine Empfindungskraft je fähig gewesen. So glücklich war nie ein Sterblicher, und wenn ichs recht überlege, so weis ich nicht, wie ichs mit meinem Murren so weit habe treiben — wie ich mir nicht den Gedanken ihres Besitzes habe denken, und durch ihn alle Standhaftigkeit erhalten können, die mir nöthig war — Mein Glück nahet auch immer mehr seiner Vollkommenheit. Herr Pastor Bayer hat die Einwilligung unsrer Verbindung in einigen Tagen zu erwarten. Und dann, Carl, was fehlt meiner Zufriedenheit, wenn ich, meine Natalie an meiner Seite, in Deine Arme eile, wenn Deine Karoline meinem Engel Liebe entgegenbringt, und unsere Vereinigung keiner Trennung mehr unterworfen ist.

Ich verliere mich jezt oft in diese selige Augenblicke, vergesse Welt und Gefahr, und

bin

bin mit meiner ganzen Seele bey Dir, sehe Dich leibhaftig vor mir (wie denn des Menschen Einbildungskraft viele verborgne Kräfte versteckt) wie Du zärtlich die Hand Deiner Karoline küssest, und dann ein Thräne des väterlichen Andenkens, die ihre Wange röthet, hinwegnimmst, begierig auffüssest. Da kann ich mich nicht länger halten, gehe zu Natalien, erzähle ihr die Geschichte meiner Träumereyen, und weyde in ihren Augen meine dürstende Seele.

Sie ist so voll von Liebe für mich, Carl, als je ein Mädgen kann gewesen seyn. Wenn ich von ihr gehe, ob sie gleich weis, wie lang mir die Zeit ohne sie ist, und wie bald ich zu ihr zurückeile, so verlieren ihre Blicke alles Leben, sie senkt sie nieder, und ein kleines Wölkgen zieht über ihre ganze holde unschuldvolle Miene. Wie die Pracht eines blühenden Feldes bey einem der finstersten Gewitter sich verdunkelt, aber ehrwürdiger in ihrem Anblick ist, so steht sie traurend, aber unendlich schätzbarer durch ihr Gefühl. Losreissen muß ich mich dann von ihr, und

blu-

bluten mögt ich, wie eine vom Stamm geriſ-
ſene Wurzel.

Ruhig iſts bisher geweſen, aber gwiß die
Füchſe lauren in ihren Löchern. Glaubte ich
nicht allen ihren Anſchlägen zuvorzukommen,
ich würde ſie fürchten.

Uebermorgen haben wir das Feſt, was
unſerm Alten zu Ehren von ſeiner Kolonie
ihm gemacht wird. Ich habe das Zutrauen
der Leute ſo ſehr, daß ſie mir die ganze Be-
ſorgung davon überlaſſen haben. Es wird
ganz ländlich. Die Einwohner ſollen alle in
Prozeßion zu ihm gehen, und der gewöhnliche
Redner dieſer kleinen Republik ſoll ihm ſo
Glück wünſchen, wie's ihm ſein Herz ſagt;
denn von den zuſammengepeitſchten Gelegen-
heitsgedichten halt ich nichts. Die Kinder
tanzen dann einen beſondern pantomimiſchen
Tanz, den ich ihnen habe lernen laſſen; und
der am Ende dem Alten ein lebendiges Vivat
und die Zahl ſeines Alters vorſtellt. Den
Mittag wird in dem allgemeinen Hauſe öffentlich geſpeißt, und wir nebſt einigen dazu ge-
ladenen Fremden werden mit der ganzen Kolonie

lonie zusamm essen. Nachmittag werden die jungen Leute verschiedne Uebungen im Ringen, Springen und Klettern machen, und dann machen sie sich den ganzen Abend beym Tanz lustig. Wenn's dunkel ist, wird ein kleines Feuerwerk abgebrannt.

Glaubst du wohl, Karl, ich würde solchen Sachen meine Aufmerksamkeit schenken, wenn nicht die vortrefliche Denkungsart des Alten es verdiente. Aber damit mach ich ihm viel Freude, und ich wäre wohl ein undankbarer Mensch, wenn ichs nicht thäte; denn er ist mein Vater gewesen. Ich wollte, Freund, Du wärest nur einmal einen Augenblick hier, um mein brausendes Herz Wonne klopfen zu sehen, und Vergnügen für alles, was um mich herum ist. Denn ich halte mich für den Glücklichsten in der Schöpfung, und da thuts mir leid, daß, die um mich sind, weniger es seyn sollen.

Ich bin recht begierig auf die Entdeckung eures Geheimnisses. Da Deine Zufriedenheit nothwendig darauf beruhen muß, so wird auch die meinige vollkommner, und ich fühle in

mir

mir eine Ahndung, daß Dir etwas Gutes bevorsteht. Ich will eben nicht sagen, Freund, daß ich viel auf dergleichen halte; aber ich hab' Dir lezthin schon gesagt: ganz ists nicht zu verwerfen, und unsre Natur hat noch so viel Verborgnes. Warum sollte man die Eigenschaft der Sympathie abläugnen, warum die näher als körperliche Vereinigung zweyer Freunde, die in der Entfernung nur durch Gedanken sich unterhalten, nur durch Seelenkräfte einander ihre Empfindungen mittheilen können? Was blieben unserm Geiste wohl für große Vorzüge, wenn er sich gar nicht aus seiner Sphäre herauszusetzen im Stande wäre? Aber da fehlts denn den meisten an der Zusammenhaltung ihrer Kräfte, sonst wäre mancher schon weiter, als er ist. Was wir nicht mit den Händen greifen, und ohne Mühe verschlucken können, das schmeckt uns nicht.

Wenn ich mit meinen Gedanken zuweilen ganz auf Dich haftete, ganz in Dich vertieft mich zu Dir wünschte, so giengs mir oft, sehr oft so, daß ich Dich da in einer Beschäftigung

tigung sahe, die ich nachher für wahr fand. Ich weiß noch ganz deutlich, daß ich draussen an meinem Schreibpulte einmal eine Stelle aus einem Buche in mein Gedächtniß zurückzurufen suchte, und mich ganz drüber verloren hatte, da mir einfiel, daß dus vielleicht wüßtest. Nun war ich in diesen Augenbliken meiner so wenig bewußt, daß ich glaubte, in deiner Stube zu seyn, aufstund, mir nach dir umsahe, dich auch vorm Bücherschrank mit dem Buche, und der aufgeschlagenen Stelle stehend fand, und mich täuschen ließ, darnach zu greifen. Da kam ich nun freylich zu mir, und es war nichts, aber die Stelle fand ich doch auf dem nemlichen Blatte. Laß immer alles das Einbildungskraft seyn, und sey's was es wolle; ich halts für eine Vollkommenheit und nicht für eine mangelhafte Eigenschaft unsrer Seele, und wenn ein reifes Subject darauf kömmt, und das reelle darüber nicht versäumt, das uns unsers eingeschränkten Körpers wegen nöthig ist, so wird gewiß Freude in seinem Herzen seyn, daß er sich so erweitern kann.

Was ist's mir jedesmal so ein herrliches Gefühl, wenn ich mich hin zu Euch verliere! Lebe wohl, Bester, und erwarte bald die glücklichen, die frölichsten Nachrichten.

Waller.

Fünf und funfzigster Brief.

Den 8ten Oct. 1772.

Herr von Sommer an Natalien.

Liebe Schwester!

Vermuthlich habt ihr mich alle für todt gehalten, und nach den Berichten, die ich hatte ausgehen lassen, war's auch nicht anders zu vermuthen. Aber ich weiß, wenn auch alle meine Freunde deswegen schalten, so wirst doch Du, liebe Natalie, meiner Seele immer die theureste von meinen Geschwistern, mir verzeyhen, und mich deswegen nicht weniger lieben. Ich habe einen Theil Deiner Veränderungen auf meiner Rückreise aus entlegenen Gegenden erfahren, und ich beschleunigte sie, um den bösen Baron für seine Niederträchtigkeit zu strafen.

ſtrafen. Allein, eine eigne Angelegenheit verhindert es jezt. Ich kann, beſonders einem Briefe, deſſen Empfang ich nicht verſichert bin, das Geheimnis meines Herzens nicht anvertrauen, ſonſt würdeſt Du es nun wiſſen. So viel kann ich dir öffentlich von der Urſache meiner Reiſe ſagen: Ich komme, dem Baron das Vermögen, welches er unſrer Mutter geraubet, ſtreitig zu machen, denn ich habe die Augenſcheinlichſten Beweiſe ſeiner Falſchheit.

Die Zeit meiner Ankunft kann ich dir nicht beſtimmen, es hängt nur von Dir ab. Antworte mir bald, ob eine gewiſſe Madame M. ſich in Deiner Gegend aufhält, und mache mir eine genaue Beſchreibung von ihrer Lebensart und ihrem Charakter. Aber heimlich, meine Beſte, daß niemand etwas davon erfährt. Sollteſt Du ſie ſelbſt kennen, ſo ſtehts Dir frey, mit ihr zu reden, und etwas von ihrer Geſchichte zu erforſchen. Ingleichen melde mir, ob ſie die Nachfrage gleichgültig oder mit einer Art von Empfindung aufnimmt.

Ich habe von unserm Vetter Waller viel
Gutes gehört, und werde seine Mutter besuchen, um zu erfahren, ob er sich noch dort
aufhält, und ob ich vielleicht nähere Nachrichten von Dir erhalten kann. Ich bin so
voll von dem Verlangen Dich zu sehen, nach
vier Jahren Dich in Deiner ganzen Vollkommenheit zu sehen, in der Ausbildung der vortreflichen Eigenschaften, wozu Du schon damals
alle Anlage hattest, daß die Ursache meines
Aufenthalts allhier mir äusserst kränkend ist.
Durch eine beschleunigte Antwort wirst
Du sehr beruhigen

Deinen

aufrichtigen Bruder
Wilhelm v. Sommer.

Sechs und funfzigster Brief.

Den 11ten Oct. 1772.

Carl an Waller.

Das Testament ist geöfnet, und meine Karoline ist nicht Sallmanns Tochter. Welche
Un-

Unruhe uns diese Nachricht verursacht, ist kaum zu beschreiben. Doch hat es niemanden mehr Schaden gethan, als meinem Engel. Sie weint jezt Tag und Nacht, kann sich gar nicht fassen. Sie hat mich gestern schriftlich gebeten, die Schatoulle noch nicht zu öfnen, um ihre wahre Herkunft zu erfahren. Mein Onkel scheint nur für sie bekümmert zu seyn. Der gute Sallmann, sagt' er gestern, wir thaten ihm doch Unrecht, denn er hats versprechen müssen, das Geheimnis nicht zu entdecken, ehe Karoline vier und zwanzig Jahr alt wäre. So lange hätt' ich also warten, in Angst und Hofnung warten müssen, wenn er gelebt hätte. Doch wollt' ich diese zwey traurigen Jahre gern ertragen, könnt' ich ihn damit erkaufen. Denn jezt seh' ich ihn erst in seiner Größe, sehe daß alles, was ich mir immer von seinen vortreflichen Eigenschaften vorgesagt, was ich Dir als Du noch hier warst, so oft davon erzählt habe, nur wenig gegen das ist, was er gethan. Denn alles, was er an Karolinen that, glaubten wir, thäte er an einer einzi-

gen, von so vielem Raube (denn er hat fünf Kinder verloren) ihm allein übriggebliebenen Tochter. Allein an einer fremden, verlassenen Wayse, mit solcher Zärtlichkeit zu hangen, ihr mehr zu seyn, als Eltern ihr hätten seyn können, eine solche Seele hat nur selten ein Jahrhundert aufzuweisen.

Ich habe mir im Ernst recht strenge Vorwürfe gemacht, weil ich zuweilen Worte gegen ihn verloren, die, wenn sie auch nicht beleidigend, doch kalt waren, ihn doch kränkten, weil sie ihm zu verstehen gaben, daß er mein Glück verzögerte, und der Kummer darüber uns nicht willfahren zu können, hat gewiß viel zu seinem Untergange beygetragen.

Niemand befindet sich besser bey der Sache, als der Holländer, der Bruder vom Sallmann. Er war zugegen, als das Testament geöfnet wurde. Da er hörte, daß Karoline nicht Sallmanns Tochter sey, so erheiterte sich sein Gesicht. Wegen des Vermögens hatte der sel. Alte das von seinem Vater ererbte von funfzigtausend Thaler doppelt in Banco-Scheinen dem Testamente beygelegt,

um

um seinem Bruder ausgeliefert zu werden. Alles übrige gehört Karolinen. Nachdem das Testament verlesen, und der Bruder sich zu der Summe legitimirt hatte, steckte er die Scheine ganz gleichgültig in seine Tasche, und wie er nach Hause kam und Karolinen weinend fand, freute es ihm doch recht innig, daß es ihr nahe gieng, daß sein Bruder nicht ihr Vater sey?

Er zog auch die Hälfte seiner Bankscheine heraus, und bot ihr solche an, weil er glaubte, sie könnte mit Recht Anspruch darauf machen, und die Hälfte wäre ja so genug für ihn, da er nichts erwartet hätte. Dieser Zug eines uneigennützigen Herzens bey einem Kaufmanne war mir unendlich werth, und seit diesem Augenblicke habe ich ihn geliebt. Als ich ihm Beweise vorlegte, daß Karoline noch mehr als er geerbt hätte, so gab er sich zufrieden. Er hat sich vorgenommen, einige Zeit hier zu bleiben, weil man, wie er sagt, in Holland nicht so gut lebt, als hier, so will er sich einen guten Tag machen. Aber das Karoline immer weint, steht ihm nicht an.

Er scheint ihr herzlich gut zu seyn, und wer sollte auch dem sanften Mädgen nicht seine ganze Theilnehmung schenken, wenn er es weinen sieht.

Ich habe seit Sallmanns Tode Ehrfurcht vor sie, wie vor eine Heilige. Denn wenn ich vor ihr vorbey gehe und sehe die Thräne in ihrem Auge, und den Blick der Zufriedenheit nach mir, so macht beydes einen Eindruck in meiner Seele, daß ich vor ihr knien und alle Fülle meines Herzens vor ihr ausgiessen mögte. Sie hat auch noch nie in der Vollkommenheit geglänzt, und nie habe ich weniger Herz gehabt mit ihr zu reden als jezt, weil sie mir weit, weit erhaben über mich vorkömmt.

Ihr Brief kann dich belehren, was sie leidet. Aber ihren Zweifeln stimme ich nicht mit ein, denn wäre von dieser Seite etwas zu fürchten, Sallmann würde nie seine Einwilligung zu unserer Verbindung gegeben, oder er würde darauf gedacht haben, es vorher zu Stande zu bringen.

Dei=

Deiner Zufriedenheit ist die meinige zwar noch nicht gleich, doch hoffe ich bald soll sie es werden. Karoline, Natalie und Du und ich ist ein Gedanke der Vollkommenheit. Ich bin

Dein

Carl.

Sieben und funfzigster Brief.

Den 10ten Oct. 1772.

Karoline an Carl von Beck.

In der unsinnigen Traurigkeit, worein mich Ihre unvermuthete Nachricht gesezt, bin ich nicht fähig mündlich mit Ihnen zu reden, nicht fähig die Ideen zu entwickeln, mit denen meine Seele kämpfet. Bey allem was Ihnen lieb ist — bey meiner Liebe — und bey Ihrer Liebe und meinem Leben bitte ich Sie, öfnen Sie noch nicht das Geheimniß meiner Geburt, öfnen Sie mir noch nicht schrecklichere, dumpfere Aussichten. Lassen Sie mir immer noch den Wahn — seine —

oder

oder niemands Tochter zu seyn. Schrecklicher Verlust! Tag! verderbender für meine Ruhe, als der Tag seines Todes. So küßte ich denn nicht die väterliche Hand, wenn mein Mund ehrerbietig die deinige berührte — o du! mir theurer als ein Vater. So waren denn die Thränen nicht kindliche Thränen, die für dich flossen? Nicht — Nein, der Himmel hatte mir nicht so ein Glück aufgehoben, so ein Glück — O womit ersezte er mir wohl dies — Hab' ich etwas, das ihm gleich ist — hab' ichs?

Verzeyhe, Carl! verzeyhe; ja ich habe Dich — Dich — Thörigtes Mädchen — ich — ich habe Dich? Ich — die vaterlose Waise — die vielleicht an ihrem Vater ihren Tyrann findet — die ein Gespötte der Welt, vielleicht eine gefundne Frucht unerlaubter Begierden war — die das Mitleiden eines ehrwürdigen Mannes vielleicht durch ein unschuldiges Lächeln erregte — und ein Gegenstand seiner Zärtlichkeit wurde — und die nun in ihm alle Ansprüche auf ein Glück verloren, welches ihr bevorstund.

Ja

Ja Carl — habe ich einen Vater — o so wird er mich von Dir reiſſen, und hab' ich keinen, ſo reißt mich das Schickſal von Dir — und dieſes — dieſen Augenblick will ich nicht erleben — Senke, was das fürchterliche Geheimniß enthält, in den Abgrund des Meeres, und mit ihm verſenke Deine Liebe zu mir, und laß mich die meinige verzehren — umſchaffen zu einem Schatten — und verſchwinden zu Vergeſſenheit.

Ich bin außer mir, Carl — Der Verluſt des Andenkens an ihn als Vater, hat mich ſo vieler Wonne beraubt, die unerſetzbar iſt. Und Du, der einzige den meine Seele geliebet — lieben wird, auch Du biſt mir dadurch entriſſen.

So ſchwinde denn alle Freude von mir hinweg, die bisher mich begleitete. So mögen denn nun meiner Klagen ſo viel werden, als ehedem der entzückenden Augenblicke in Deinem ſüßen Umgange. Ungeſehen müſſen meine Thränen flieſen — ungehört meine Seufzer tönen, und unbeweint mein Reſt verweſen. Meinem Staube wird kein freundlicher

licher Fuß ausweichen, als etwa der Deinige, aus Furcht, das noch zu kränken, was er liebte.

Glaubst Du, Carl, daß Dein Onkel zugeben wird, daß Du eine verlaßne Waise liebst — oder daß Wallers Mutter, die Sallmanns Tochter (ein stolzer Titel) annahm, auch ein unbekanntes hingeworfnes Mädchen annehmen wird. O! Du siehst mit Augen der Liebe — siehst durch das Glas Deines sanften Herzens alles sanft — armer Freund — bald wird Dich die Zeit eines andern belehren, bald wird Deine eigne Empfindung Dich hinwegreissen von der, die Dich so zärtlich liebt, wird Dir zuwispern: Fliehe — fliehe von dem Rande deiner Grube!

O wenn ich Dir zu viel thue — wenn ich Dein Herz kränke, edler Jüngling, so verzeyhe — verzeyhe — denn mein's ist zerrissen. Es blutet, und ach — blutete es Thränen des Todes, so würde ich Dich vom Zwange befreyen, der Dich an mich hält, würde meinen alten Sallmann umarmen, und ihm Dank sagen können, daß er mir nicht

nicht das schreckliche Wort sagte: Ich bin nicht dein Vater — Denn hätte er mir's gesagt — ich wäre hingesunken zu seinen Füssen. O Carl! ich stellte mir ganz etwas anders in dem Geheimnisse vor. Ich glaubte, es wären Befehle meiner Mutter — Mutter — Ja, ich habe eine gehabt, aber gewiß war sie so unglücklich wie ich — ihre nichtsseyende Tochter. Wenn dein Geist, Theure, die ich nicht an mein jugendliches Herz zu drücken die Wonne gefühlt, der ich nicht habe danken dürfen, daß sie mir das Daseyn gab, wenn dein Geist mich sehen könnte, könnte meine heißen Seufzer hören, die ich dem Unglücke deines Verlusts weyhe; du würdest Stärke auf mich herab in meine Seele gießen, würdest Kräfte geben, dem stürmenden Leiden zu widerstehen.

Carl! Carl! Ich schaudre vor der Eröfnung des Geheimnisses. O! wenn Du Mitleiden mit mir haben, es begraben könnteft in ewige Dunkelheit, könnteft alles vernichten, was zwischen uns je vorgegangen — könnteft vergessen Deiner Karoline, die Dich nie

nie — nie vergeſſen kann — Du wäreſt glücklich — wärſt zufriedner als die leidende Seele die um Dich klagt.

Aber ich weis, das kannſt Du nicht. Kannſt nicht aufhören mich zu lieben, und darum biſt Du eben ſo beklagenswerth als Deine Karoline.

Aber um alles — um alles bitt' ich Dich, laß mich noch einige Zeit ruhen — ruhen bis ich gefaßt bin, allem entgegen zu ſehen, was ſtürzen — vernichten kann die

unglückliche
Karoline.

Acht und funfzigſter Brief.

Den 18ten Oct. 1772.

Natalie an Madame M.

Ich kann, ſo feyerlich mir auch der heutige Tag iſt, doch nicht das Ende deſſelben abwarten, ohne Ihnen meine Freude, mein Entzücken mitzutheilen. Vor einer Stunde iſt die Einwilligung zu unſerer Verbindung von der Regierung gekommen, und alles — alles nahet sich meinen Erwartungen, meinem Glücke. O wie schön ist mir heute Alles — wie gierig nehme ich das Vergnügen ein, welches jeder Blick um mich mir verschaffet. Nichts als Freude blitzet in den Augen aller, die mich ansehen, und jeder beeifert sich, mir seine Theilnehmung, seine Mitwollust meines Glücks zu entdecken. Und Waller — o sollten Sie in seiner Seele lesen — lesen das geschäftige Wirbeln jeder Empfindung — das ich so deutlich darinn gewahr werde — wie das die Spannung aller seiner Nerven hervorbringt — wie es aus seinen Augen Stralen wirft, auf seinen hinreissenden Lippen Worte in Engelssprache verwandelt, wie es durch seinen Händedruck sich mir mittheilet, wie ein laufendes Feuer meinen Körper durchziehet, und eine Bewegung in mir zurückläßt, die den höchsten Grad des süßesten Reizes erreichet. Ich weiche ihm zuweilen aus, weil es mir schwer fällt, seinen Blick zu ertragen, eine so wunderliche Veränderung in mir verursacht — eine Hitze über meinen

Kör-

Körper ausgießet, die mich in Verwirrung
sezt, und Röthe über mein Gesicht verbreitet.
Wenn ich mit ihm tanze, so ist es, als ob
kein Boden unter mir ist, ich schwebe fast immer in der Luft; eine seiner Hände ist fähig,
Minuten lang mich im Schwunge zu erhalten, daß ich wie eine Feder der Atmossphäre
Troz biete.

O meine liebe, beste Freundin, spotten
Sie nicht ihrer liebekranken Natalie — Sie,
ja Sie selbst müssen alles das gefühlt haben,
müssen eben die süßen unbekannten Regungen,
die Wallungen in jedem Gefäße ihres Körpers
empfunden haben. Ihr Brief, ihr erster
ofner lieber Brief, entdeckt mir das; und
ich weis es, wer je liebte, fühlte auch was
ich fühle.

Aber sollte nicht ein Funke in Ihrem Herzen für ihn noch geblieben seyn? Sollte auch
außer seinem Anblick nichts Ihre stoische Gelassenheit hemmen? Ja, meine Beste, ich
muß meinem Auftrage Gnüge leisten, der an
mich gerichtet war. Mein Bruder, mein so
lange verlohrner Bruder, hat mir aus
Teutsche

..Teutschland geschrieben, und unter andern mir auch aufgetragen, mich nach einer gewissen Madame M. nach Ihrer Aufführung, und besonders nach der Aufnahme dieser Anfrage zu erkundigen? Wie wenn er Nachricht — gar Aufträge von Ihrem M. hätte? Wie wenn ich so glücklich wäre, Ihnen Nachrichten zu verschaffen? Antworten Sie mir recht offen, ists Ihnen lieb etwas davon zu hören? Mein lieber Waller ist schon wieder da, und will mich zur Gesellschaft haben — und seiner Ueberredung zu widerstehen, ist mir nicht möglich. Ich verlasse Sie also, um mich wieder in Wonne zu verlieren, denn der Tag verdients, daß ich ihn mit einer raschen Freude durchlebe.

Abends 10 Uhr.

Ich zittere, meine liebe beste Madame, ich zittere für das Leben meines Geliebten, meines Wallers. Acht Uhr kamen Masquen und verlangten dem Feste beyzuwohnen. Mein Pflegevater ließ Ihnen den Eintritt zu, glaubte es wären gute Freunde. Sie waren auch artig, sittsam, sprachen aber nichts. Neun Uhr kam

kam John aus der Stadt gesprengt, und brachte meinem Waller die Nachricht, der Baron sey bey dem Hrn. von Z. und er befürchte eine Verrätherey. Nun gehen Wallern die Augen auf. Man untersucht, findet sie uuter der Verkleidung, und läßt sich mit Ihnen in ein Gespräch ein — und nun — ach! sie schlagen sich — man läßt mich nicht hin, daß ich mich zwischen sie werfe, und ihrem Streite ein Ende mache. Hatte dieser Tag mir ein solches Ende prophezeyt? Ich fliehe, ich eile, um mit List zu Ihnen zu kommen.

Natalie.

Neun und funfzigster Brief.

Den 19ten Oct. 1772.

Waller an Carl.

Sonderliche Begebenheiten treffen mich Carl. Ich habe ein neues Unglück gehabt, das mich von Natalien trennet. Gestern an unserm festlichen Tage, wovon ich Dir im

lez-

leztern Briefe schrieb, war ich so selig, als ichs noch nie gewesen, und heute wieder in einer ängstlichen Erwartung alles möglichen Uebels. Mein Leben ist gestern in der größten Gefahr gewesen, John hats gerettet, und der Plan zu meinem Verderben, war ohne ihm unumstößlich.

Wenn man im Taumel der Freude ist, so vergißt man leicht alle Gefahren, verliert sich zu leicht in ein allgemeines Zutrauen gegen jeden der uns aufstößt. So giengs gestern. Wir waren den ganzen Tag im reinesten Vergnügen versammlet gewesen. Herr Bayer hatte meine Anstalten so vorzüglich schön gefunden, hatte ganz Wonne geathmet in der freyen dankbaren Freude seines Volks. Wir beschäftigten uns mit den angenehmsten Unterhaltungen, und der Nachmittag vermehrte unsre Freude, denn die Einwilligung zu unserer Verheyrathung kam eben aus der Regierung. Schon war der Tag unsrer Verbindung in acht Tagen festgesezt, schon schwamm Nataliens Auge in entzückender Wollust in meinen Blicken — fühlbar war der Einfluß der Freude auf jeden Druck der Hand, auf jeden Tritt im leichten Tage, sichtbar war es im jeden Blicke. Alle Anwesende mußten unser Glück fühlen, und fühltens auch. Wir waren frölich, und wer sollte wohl seine Freude nicht andern mittheilen. Es liessen sich einige Masquen melden. Hr. Bayer hat zu viele Bekannte, als daß er es abschlagen könte; und die Wahrheit zu sagen, dachten wir an nichts weniger, als eine schwarze Verrätherey. Eine Stunde mochten sie ohngefehr da seyn, als John im stärksten Sprengen übern Hof geritten kam. Gleich schoß mirs auf. Ich gieng hinaus, ihn allein zu sprechen, und er erzehlte mir, daß der Baron bey dem Hrn. von Z. sich aufhalte, und aus dem Murmeln der Bedienten heute gehöret, daß sie von dem Feste Nachricht hätten. Er sey also gleich hergeeilt, um mich zu warnen. Nun war mir's ganze Geheimnis offen. Jezt kannte ich meinem Onkel, und den Hr. v: Z. an Statur und Gang, und kann nicht begreifen, wie ich vorher so blind gewesen, es nicht zu sehen. Ich gieng wieder hinein. Ich

hörte

hörte in einem Cabinet, worin sie sich beyde retirirt, meinem Onkel die Worte sagen: Hol mich der Teufel, heute ist sie schön, schön zum Entzücken.

Ich entdeckt's gleich dem Pastor und seinem Bruder, und wir beschlossen, die ganze Sache öffentlich zu declariren. Hr. Bayer gieng zu Ihnen, freute sich, sie bey sich zu haben, und bat sie, den beschwerlichen Masquenhabit abzulegen. Sie waren ganz erstarrt, als sie sich entdeckt sahen. Natalie entfernte sich. Der Baron fieng gleich an zu reden: Ich wundre mich, lieber Herr Bayer, daß Sie als ein vernünftiger Mann eine so gesetzwidrige Handlung begehen, und meine Pflegetochter unter einen erdichteten Namen heimlich bey sich aufbehalten, und daß Sie, Herr Pastor, als ein Geistlicher, und da ich doch der Patron ihrer Kirche bin, sich des Lasters der Undankbarkeit schuldig machen.

Pastor. Wenn nach Pflicht und Gewissen handeln, Undankbarkeit ist, so haben Sie recht, Herr Baron.

Baron.

Baron. Daß ihr Leute doch Pflicht und Gewissen brauchen könnt, wozu ihr wollt. Aus Pflicht und Gewissen ein entlaufenes Kind zurückzuhalten, das heiß ich priester=
lich gehandelt.

Bayer. Kindergen, sezt das Ding bey=
seite, Ihre Natalie, Herr Baron, ist zu mir gekommen, und ich habe sie aufgenommen. Jezt weiß ich einen recht hübschen Mann für sie, und Sie kommen, wie gerufen, um ihre Einwilligung dazu zu geben.

Baron. Artig! Gewiß, Cousin, eine Einfädelung von ihrer Seite. Wer hat Ih=
nen die vortreflichen Grundsätze beygebracht, ihre Verwandte zu chikaniren.

Waller. Meine Vernunft hat mich ge=
lehrt, das Liebenswürdige für liebenswürdig zu halten, und wenn Sie glauben, daß ich Natalien Ihnen zur Kränkung liebe — so irren sie.

Baron. Das liebt sich also — Aber mein Wort gilt bey Nataliens Verheyrathung auch. Ich bin Vater und will nicht.

Bayer. Vater bin jezt ich, und ich will.

Pastor.

Paſtor. Laſſen Sie ſich die Sache erklären, Herr Baron. Ihre Pflegetochter Natalie hat von Ihnen unangenehme Begegnungen erduldet, die ſie zu den Entſchluß gebracht haben, meinen Bruder zu ihrem Bräutigam, Vater und Verſorger anzunehmen.

Baron. Ein ſchönes Complot! Und wer bezahlt meine Koſten auf ihre Erziehung. Das Mädgen koſtet beynahe zweytauſend Thaler. Hr. Bayer gieng ans Schreibpult, nahm zweytauſend Thaler in Bankſcheinen, und übergab ſolche dem Baron. Er ſahe ſie durch, und zu meinen gröſten Erſtaunen ſteckte der niedrigdenkende Mann ſie ein. , ſagte Hr. Bayer, haben Sie alles Recht an Natalien verloren.

Baron. Ja, meine Koſten ſind erſezt. Aber als Onkel habe ich noch ein Wort zu ſagen — Unſere Rechte.

Paſtor. Ihre Rechte haben dieſesmal die Richter vergeben. Sie ſtörten mich erſt in meinem Vortrage. Da ihr Herr Vetter nun ein Verlangen bezeigt, Fräulein Natalien zu beſitzen, ſo iſt mein Bruder ihm nicht zuwider

der gewesen, und wir haben zu dem Ende bey der Regierung, um die Erlaubniß angehalten, welche auch heute erfolgt ist.

Indem er dies sagte, zog er eine Schrift heraus und las folgende Worte: Weil auch Fräulein Natalie von Sommer von ihrem Onkel dem Baron R. harte Begegnungen ausstehen müssen, so sprechen wir ihm die Gewalt ab, sich dieser gültigen Ehe zu widersetzen.

Bey diesen Worten sprang der Baron auf, und hieß die Schrift eine erschlichene Schmiererey, drohte schon mit den Richtern fertig zu werden, und zog den Hrn. von Z. beyseite, um mit ihm vermuthlich Maasregeln zu nehmen. Er gieng mit ihm hinaus, und John brachte mir die Nachricht, daß der Hr. von Z. gesagt: Er solle mäßig seyn, und sich nur gedulden, die Zeit der Rache wäre bald für ihn da.

Dies machte mich aufmerksam. Ich eilte hinaus, um Herrn Bayers Leute zu warnen, damit sie auf ihrer Hut seyn mögten. Einer von Ihnen brachte mir schon Nachricht, daß hinter dem Garten bewafnete Leute einzeln

zeln herumschlichen. Hr. von Z. schoß hierauf eine von seinen Pistolen hinterlistiger Weise auf mich, die aber nur streifte. Wie ich mich nach dem Schuße umdrehete, gieng ich mit gezogenem Degen auf ihn. Die zweyte Pistole die er dennoch losschiessen wollte, versagte. Er warf sie plözlich weg und zog sogleich. Ich muß gestehen, einen Meuchelmörder zu schonen, hatte ich keinen Beruf. Ich gieng tapfer auf ihn los, und er fiel bald. Die Schüße brachten alles in Bewegung. So genau auch Hrn. Bayers Leute die Thüren des Gartens besezt hatten, so waren doch einige eingedrungen. Natalie kam außer Athem der Allee vom Hause herauf. Ans einem Seitengang kam ein Kerl von dem Baron begleitet, und packte sie an, eilte auch mit ihr auf das Holz zu, welches der Baron ihm zeugte. Dies alles sah ich ohne gesehen zu werden. Ich bog daher in einem Seitenweg und verrente ihn, da er schon vom Baron entfernt war. Ich nahm ihm seine Beute mit wenig Mühe ab, die vor Schrecken und Kälte fast erstarret war. Ich trug sie in ihr

T 5 Zim-

Zimmer. Unterdeſſen hatte man den Herrn von Z. gefunden, und in ein Zimmer gebracht. Dieſer ſagte aus, daß ich auf ihn geſchoſſen, und ihn angefallen.

Herr Paſtor Bayer ſowohl als ſein Bruder glaubten, daß ich mich entfernen müßte, und daß meine Sache ſchlimm ſtünde, weil ich keine Zeugen anführen könnte. Ich verließ alſo meine Natalie weinend, die vor Mattigkeit ihre Augen kaum aufſchlagen konnte, und der ich gar nichts von meiner Entfernung ſagen durfte.

Der Baron glaubte ſeiner Beute gewiß zu ſeyn, und als er an ſeinen Wagen kömmt findet er niemanden. Man ſagt ihm, daß Herr von Z. todt ſey, und er entſchließt ſich kurz nach Hauſe zu fahren.

Ich ſprengte ſeinem Wagen noch vorbey nach der Stadt, und wünſchte ihm gewiß nicht viel gutes.

Ich kam zu meinem alten Wirth. Heute morgen war die ganze Stadt ſchon voll von dem Duel, und ich darf nicht ausgehen, bis ich nähere Nachricht erhalte.

Was

Was für ein Unterschied, Karl, zwischen gestern und heute. Gestern lauter Wonne, lauter schwärmerische Freude — Heute angstvolle Erwartungen — vielleicht meine Natalie krank — vielleicht ich als Mörder von ihr verscheucht, aber gewiß unschuldig. Solche Menschen wie der — die Banditenartig handeln, sind des Lebens nur werth, um zu büßen, nicht um es zu genießen..

Eben erfahr ich, daß der Baron schändliche Dinge wieder mich aussagt. Gott weis, Freund, was das noch für ein Ende nehmen wird. Morgen erfahr' ich)s gewiß, und Du auch. Ich bin

Dein

Waller.

Sechzigster Brief.

Den 16ten Oct. 1772.

Carl an Waller.

Ach Waller! in meinem lezten Brief sagt' ich Dir, daß ich nichts für die Zukunft fürchtete

tete — aber ich muß viel, sehr viel fürchten. Karoline liegt außer Hofnung an einem hitzigen Fieber krank. Ihre Gedanken verlassen sie nur, um ihr Ruhe zu neuen Anstrengungen zu verschaffen. Sie hat mit niemanden als mit Sallmann zu thun, und sie kennt mich kaum. Gleich den Tag, nachdem ich Dir meinen lezten Brief geschrieben, hat sie sich gelegt. Noch gestern sagte sie in einer heitern Viertelstunde zu meinem Onkle: Lieber Mann! sie sind auch so gut, so rechtschaffen wie Sallmann. Sagen sie mir, haben sie mein Geheimniß schon entdeckt? Er versicherte ihr das Gegentheil. O so lassen sie es. Wenn ich nicht mehr seyn werde (wie denn das wohl nunmehro so werden wird) so hilft's Ihnen ja doch nichts, ob sies wissen oder nicht — und da fiel sie gleich wieder in die Verwirrung hinein.

Sollte ich Sie verlieren, Waller — so entsag ich der Welt gänzlich, so hört niemand weiter etwas von mir. Ich bin so betäubt, daß ich meinen Onkel ganz dräber vergessen. Er ist seit zehn Jahren nicht so gesund, nicht

so

so wohl bey Kräften gewesen, als er es eben jezt ist. Der beste Krankenwärter, den man sich denken kann, und ich stehe immer wie ein Kopfhänger; denn ich kann unmöglich meinen Schmerz verbergen. Ich laufe vor ihr Bette, drücke ihre Hand — weine, wenn ich ihren entstellten Blick sehe, und wende wehmuthsvoll mein Gesicht wieder hinweg — Und das ist alles was ich in einer Stunde wohl zehnmal wiederhole. Ihren Arzt frage ich eben so oft um seine Meynung, und jede Hofnung, die er mir giebt, macht mich auf einen Augenblick belebter, und jeder Blick, den ich auf Sie werfe, stürzt alles wieder zu Boden.

Sallmanns Bruder ist recht sehr betrübt. Er nimmt vielen Antheil an jeder Veränderung die ihr bevorsteht, frägt immer, und fühlt selbst nach ihrem Puls. Er ist ein treuherziger Mann. Im Anfange hatte ich ihn verkannt. Gestern sagt' er recht aus dem Herzen zu mir:

„Lieber Freund, ich weis nicht, wie ich „das mit Karolinens Krankheit nehmen soll.
„Wenn

„Wenn nun auch mein Bruder ihr Vater „nicht ist, so hat er sie doch so lieb gehabt „wie seine Tochter. Und sie verdient's auch. „Denn wenn ich so eine Tochter annehmen „könnte, ich würd's gerne thun. Ich würde „sie eben so auf den Händen tragen wie er. „Denn 's ist ein gar liebes Mädgen. Sie „sind recht glücklich."

Aber nicht jezt, seufzte ich, jezt wo aller Donner des Unglücks auf mich rollt, um mich zu stürzen —

O ho, Herr! sagte er, hübsch gefaßt; sind ja sonst nicht so auffahrend. Man muß nicht gleich das Schlimmste denken — Ne, sterben wird sie nicht, dazu ist sie zu gut.

Mein Onkel unterbrach uns mit der Nachricht, daß sie etwas ruhe. Armer Junge, sagte er zu mir, du mußt wohl recht viel leiden, bis du zum Zweck deiner Wünsche kömmst. Aber sey ruhig. Schon habe ich mehr Hofnung als gestern.

Ich konnte nichts thun als seine Hand küssen — und das that ich auch so innig, daß er Thränen über das Gefühl meiner Dankbarkeit vergoß. Noch

Noch zwey böse Tage haben wir, sagte der Arzt. Sind die überstanden, so wird's besser. Gott geb' es. Er geb' uns allen die Ruhe, die wir suchen, und der wir so nahe waren.

Carl.

Ein und sechzigster Brief.

Den 19ten Oct. 1772.

Herr Bayer an Waller.

Das war recht ein dummer Spaß, lieber Freund. Der John hat mir alles erzählt, wie sie's mit Ihnen gemacht haben. Hätten Sie übern Haufen schiefen können, ohne daß Sie sich besonnen hätten. Ich hab's dem Z. vorgehalten; aber ohngeachtet er bald in die elysischen Felder seine Lustfarth anstellen wird, so will er nichts davon wissen, und schimpft und flucht auf Sie. Da haben wirs was die boshäften Anschläge der Menschen thun können. Denn Ihnen war's nicht zu verdenken, und hätten Sie ihn Knall und Fall todtgestochen. Kaum waren Sie weg, so so kamen seine Leute mit Ungestüm vors Haus, und wollten ihn heraus haben. Nun wissen Sie wohl, daß meine Leute mir auch zugethan sind; die also gleich hinter die andern, und wäre bald ein Bataille draus geworden, wenn ich nicht noch benzeiten vorgebaut und vom Balcon ihnen Friede geboten hätte. Nun gieng ich zum Herrn von Z. und frug ihn: ob er hier bleiben oder nach Hause gebracht seyn wollte. Nach Haus! schrie er mit fürchterlicher Stimme; denn hier könnte man mir wohl noch Gift geben.— Ich bin unter lauter Banditen. Ich würdigte ihn kaum eines verachtenden Blicks, und ließ ihn in einem kleinen Wagen nach Haus schaffen. Er hat noch sehr über den Baron geflucht, daß er ihn im Stiche gelassen.

Heute Morgen war ich bey ihm, und bat ihn nochmals, die Wahrheit zu sagen; allein ob er gleich so schwach war, daß er kaum reden konnte, so verwünschte er Sie doch ganz fürchterlich.

Der Stich ist durch den untern Theil der Lunge gegangen; und da wenig Hofnung zu

sei

seinem Leben ist, so werden Sie doch wohl
thun, wenn Sie vors erste auf ihre Sicherheit bedacht sind. Ich kann Ihnen hierinn
nicht rathen; denn ich wünschte, daß Sie einen Dritten zum Vertrauen Ihres Auffent-
halts wählten, sonst bringt man in mich, es
zu entdecken. Ich habe an einen Freund von
der Regierung geschrieben, ihm den Verlauf
der ganzen Sache gemeldet, und gebeten,
Ihnen zu rathen.

Es kümmert mich recht sehr, daß Sie
nicht ganz mit Natalien verbunden sind. Das
arme Mädgen weint und klagt unaufhörlich.
Sie schreibt selbst an Sie. Hätten die Bösewichter doch nur einige Tage gewartet, so
wären sie zu spät gekommen, Sie zu trennen.

Mein Bruder empfiehlt sich Ihnen, und
wünscht allen Seegen und alle Standhaftigkeit zu Ihrer traurigen Lage.

Der erste Schuß hat einen von Z. eignen
Leuten den Arm zerschmettert, und diesen
will man zum Zeugen wider Sie gebrauchen.
Leben Sie wohl, und geben uns bald Nachricht, wie Sie sich befinden.

Bayer.

Zwey und sechzigster Brief.

Den 19ten Oct. 1772.

Natalie an Waller.

So sehr unsre Trennung, lieber Waller,
mir schmerzhaft seyn muß, so sehr ich
Ihrer süßen Unterhaltung entbehren werde,

so sehr muß ich Sie bitten, seyn Sie auf Ihre Rettung bedacht.

Ist es der Fehler unsers Geschlechts, daß wir bey jeder Gefahr mehr zagen, unruhiger sind, als Sie, die mit einer größern Gewohnheit zur Standhaftigkeit begabt sind, so ist es doch nur ein Fehler der Zärtlichkeit, so ists doch, bey mir jezt gewiß, die Empfindung des Wunsches, Sie lieber auf einige Zeit als ganz zu verlieren.

Woher kömmts, mein Lieber, daß, wenn man bald die lezte Hinderniß eines Zwecks überwunden, bald dem Haven entgegeneilet, noch ein neidischer unfreundlicher Wind, gemeiniglich einen zurückwirft. Es muß, es muß der Wille des Schicksals seyn, uns dadurch es süßer, angenehmer zu machen.

Was fühle ich heute gegen meine gestrige Wonne — o mein Theurer! Da du bey mir warst, war meine Seele so heiter, ich schwebte so leicht über jeden Fußboden, hüpfte so froh durch den Garten — jezt ist mein ganzer Geist wie betäubt — schwer ist mir jeder Tritt den ich thue; das winterhafte Ansehn des Gartens, das mir gestern noch ganz erträglich, fast schön vorkam, ist mir jezt schaudernd, mit jedem Blicke suche ich Dich — und er bricht sich traurig zur Erde; denn Du bist verschwunden.

Mein Vater sagt mir: Du bist in Gefahr — ich weis es und zittre. O daß ich eilen könnte, die Gefahr von Dir abzuwenden! Aber so kann ein schwaches liebekrankes Mäd-

Mädgen nichts als bitten — Dich bitten, ihr auszuweichen. Wollte ich — ja ich wollte wohl — aber könnt' ich — erlaubte mir's die Liebe zu meinem Vater — erlaubte mir's der Kerker des Wohlstandes — so wollt' ich mit Dir gehen, ganz heimlich dich begleiten; und ich glaube, Du würdest leichter, heitrer in Deinem Herzen seyn. Aber so muß ich bleiben, kann nur sorgen, nur wünschen, daß mein Schutzengel und der Deinige Dich begleiten — ich will gern einmal auf einige Zeit ohne Schutz seyn — bis Du sicher — außer Gefahr bist. Ich will's jedem Winde zulispeln, daß er dich nicht beschädige, jede rauhe Luft mag mich indessen anwehen.

Gestern, lieber Waller, bist Du wieder der Retter meines Lebens gewesen — schon wieder war ich in den Händen des Barons, wenn nicht Dein Schutz gewesen wäre. Und dafür, mein Lieber, hast Du nichts als das Geständniß meines Herzens, daß ich Dich liebe, liebe mit der größten Vollkommenheit.

Die gestrige Veränderung hat meinen Körper etwas angegriffen. Schrecken, Kälte, und Angst über Dich, mein Lieber, kann einen so schwachen Bau wie der meinige bald umreissen.

Gieb mir ja Nachricht von Deiner Sicherheit, von Deinem Auffenthalt, und von Deiner Liebe zu mir. Sollte Entfernung auch wohl Eindruck auf Dich machen? Solltest Du Deine Natalie wohl weniger lieben? — Nein, der Verdacht wär grausam. Liebe wie

die

die unsrige kann nichts trennen, und also trennt auch von Dir nichts

   Deine
      Natalie.

Drey und sechzigster Brief.

Den 21ten Oct. 1772.

Waller an Herrn Bayer.

Kaum hatte ich gestern Ihren Brief erhalten, als der Herr Regierungsrath von L. zu mir schickte, und mich zu sich bitten ließ; er bat mich aber, in einer Miethequipage zu kommen. Als ich zu ihm kam, sagte er mir, daß Sie ihm den Verlauf meiner verdrieslilichen Sache erzählt, daß er vollkommen von der Wahrheit überzeugt sey, daß aber der große Einfluß der Familie des Herrn von Z. und dessen Aussage die Sache leicht umwenden könne.

Der Rath, sezte er hinzu, den ich ihnen gebe, wird ihnen freylich nicht angenehm seyn, weil sie sich von ihrer Geliebten trennen müssen; aber es ist nothwendig, weil ein ungestümmes Verfahren jener Familie leicht ein übereiltes Urtheil zuwegebringen, und ihnen unendlich schaden könnte. Es ist jezt ein Schiff nach Teutschland seegelfertig, und ich habe ihnen einen Paß ausgewürkt, damit sie noch heute (denn morgen wird die Sache schon anhängig seyn) sich einschiffen können. Morgen früh geht der Schiffer ab, und da sind

sind sie allem ausgesezt, wenigstens einem langweiligen und vielleicht gefährlichen Arrest.

Aber, erwiederte ich, ganz bestürzt über meine Bestimmung, sollte meine schleunige Entfernung meiner Sache nicht schädlich seyn? Gebe ich nicht den Argwohn, alles dessen mich schuldig gemacht zu haben, was mir schuld gegeben wird, wenn ich entfliehe?

Herr von .L. zuckte die Achseln. Schlimmer, sagt' er, kann ihre Sache nicht werden als sie ist. Das Zeugniß des Herrn Bayers gilt nicht, weil er kein Augenzeuge war, und ihres Bedienten als ihres Hausgenossen gar nicht. Der Verwundete hat so lange das Recht für sich, bis ihm das Gegentheil bewiesen wird; und sollte er sterben — ja — da steht ihre Sache sehr schlimm.

Ich war schon im Begriff in der Heftigkeit meiner Empfindungen mein Unglück zu verwünschen, und ihm zu sagen: daß ich das Aeußerste lieber wagen, als alle meine Aussichten verlassen wollte, als er mich auf die liebreichste Art bey der Hand nahm, und sagte:

Mein lieber Freund, die Gefahr ist dringend; ihr Entschluß muß schnell gefaßt werden. Ich weiß von ganz sicherer Hand, daß morgen die Klage wider Sie einläuft, und da ists sogleich um ihre Freyheit geschehen. Ihre Geliebte ist ja in den besten Händen, und ich verspreche ihr meinen Schutz auf alle Fälle. Ihr Onkel, der Baron, ist als ein übeldenkender Mann bekannt. Niemanden wird er bewegen können, ihn zu stützen. Glauben

ben sie, ihre Sache wird unendlich besser gehen, wenn sie abwesend, und zwar so sicher abwesend sind, wie es mit der jetzigen Gelegenheit ist.

Sein theilnehmendes Betragen rührte mich, und ich versprach ihm es zu thun. Der Schiffer war schon benachrichtiget. Ich eilte zu Haus, und schikte gleich einen Boten meine nöthigsten Sachen abzuholen. Unterdessen hatte man schon von Seiten des Barons stark nachgeforschet, und besonders meinen Wirth erfragt. Allein da er mir äusserst zugethan ist, so hat er geschwiegen, und ich habe ihm die ganze Sache entdekt. Ich werde niemanden mitnehmen als John. Gestern Abend wurden meine Sachen aufs Schiff gebracht, und in einer Stunde fahre ich hinaus, und habe nur den Trost nach Ihnen hinzusehen, und Ihnen und meiner Natalie mehr Ruhe zu wünschen, als nun eine lange Zeit haben wird

Ihr

ergebener

Waller.

Vier und sechzigster Brief.

Den 21ten Oct. 1772.

Waller an Natalien.

Das erstemal, theure Natalia, schreibe ich Ihnen, meiner zweyten Seele, und das erstemal muß ich Ihnen in einer so traurigen Lage schreiben, Ihnen schreiben als ein Flüchtling der

dem

dem Mordrächer zu entgehen suchen muß, und der einem weitstärkeren Elend entgegen läuft. Nicht das Brausen des stürmischen Meeres — nicht die rauheste Witterung würde mir eine Veränderung in meinem Gemüth hervorzubringen im Stande seyn. Nur die Trennung von Ihnen füllt meine Seele mit schrecklichen Bildern. O wie oft, meine Beste, werde ich meine Arme fruchtlos über den Wellen nach Ihnen ausstrecken, werde Natalienś Namen in die fürchterlichen Wasserberge thun, ohne einmal ein freundliches Echo ihn mir zurückbringen zu hören. So schrecklich hat meine Bestimmung mich für alle die süssen Augenblicke wollen leiden lassen, die mir bey Ihnen entflohen. Mag immer mein Schiff langsam die Wellen durchschneiden, es schneidet von Ihnen und durchschneidet mein Herz! Mögen immer widrige Winde uns zu den Küsten zurückführen, wo meine Natalie lebt, wo sie gewiß auch um mich seufzet, daß ich den Boden noch sehe, den ihr Fuß betritt, daß ich ihr den bängsten Kummer entgegen seufzen kan.

Lebe wohl Du Beste Deines Geschlechts. Müsse jeder Tritt den Du in dem rauhen Lande gehest, Dir ein Tritt der Wollust seyn, da Deinem Waller jeder ein Tritt des Verderbens ist, den er von Dir hinweggehet.

Ja meine Beste, ich werde oft an den Küsten Teutschlands dem äussersten Meere zugehen, und der Gedanke wird mich trösten, daß ich auf Ihnen zueile, Schritte doch Ihnen näher komme. Aber wenn ich denn umkehren soll, und zurückgehen, so wird mein banges Herz hart klopfen und ich werde Thränen vergiessen über mein Unglück.

Aber bey allem Elend, meine Theure, das mich trift, habe ich doch noch Trost, habe Trost in der entzückenden Hofnung Ihrer Liebe, habe Trost darinn, daß ich weiß, auch Sie weinen um mich. O hören Sie nie auf, ihren Waller mit der reinen entzückenden Liebe zu lieben, die bisher jedes Wort Ihres Mundes mir theuer machte, Sie die einzige die noch mein Herz rührte, die einzige die es je

rüh-

rühren konnte, und die einzige die es je rühren wird, fahren Sie in der Reinigkeit fort die Sie nur verehrungswürdig macht. Zweifeln Sie, meine Beste, keinen Augenblick, daß ich an Sie denke, denn jede meiner Stunden soll Dein gewidmet seyn. Ein Gedanke ohne Sie wird nie, nie meinem Herzen entgehen.

Meine liebe Natalie, ich werde meiner verehrungswürdigen, meiner besten Mutter, Sie so schildern, wie Sie es verdienen, und dann wird, dann muß sie so von Ihnen eingenommen seyn, daß Sie mich wird eilen heißen, ihr eine Freundin zuzuführen, die sie schon abwesend so zärtlich liebt. Dann werde ich eilen — alle Gefahren verachten — und Sie, meine Beste, von allen beneidet, in meine Arme zurückbringen.

O meine Natalie, wenn diese Aussicht nicht so entfernt wäre, sie wäre höchst selig — aber so trennt uns ein grausenvolles Meer. Doch genug davon. Es wird so schon ein Gegenstand ihrer Leiden seyn. Gerne — gerne wollte ich leiden — dürften Sie es nicht mitfühlen? Könnten Sie einen Schlummer schlafen, da indessen Ihre Ruhe nichts störte bis Sie erwachten, mich in Ihre Arme zu schliessen — und mit mir zu gehen in ein glückliches Land — wo Freyheit blühet, und kein böser Onkel Ihre Seligkeit hemmt — wo die beste der Mütter Sie mit offnen Armen.

O Natalie! ich muß mich losreissen von Dir, mein unerbittliches Schicksal winkt — befiehlt — leb wohl. — Ich gehe, dem grausamen Elemente überlassen, das uns vielleicht auf ewig trennet — Mein Natalie — ich fasse Muth — auch Du sey standhaft. Der Lohn unserer Liebe wird glänzend seyn — wird für alles was wir jetzt leiden — Entzückung — Wonne uns geben. Ewig, ewig liebt Dich

Dein

Waller.

Ende des ersten Theils.

www.ingramcontent.com/pod-product-compliance
Lightning Source LLC
Chambersburg PA
CBHW030806230426
43667CB00008B/1091